U0933025

非显著趋势

如何把握即将到来的机会

[美] 罗希特 · 巴尔加瓦（Rohit Bhargava） 陈一枬（Viveca Chan）◎ 著 王 烁 ◎ 译

Think Different

An Innovator's Guide to the Future

中信出版集团 · 北京

图书在版编目（CIP）数据

非显著趋势 /（美）罗希特·巴尔加瓦，陈一柟著；
王烁译. -- 北京：中信出版社，2017.9
书名原文：Think Different：An Innovator's
Guide to the Future
ISBN 978-7-5086-7811-5

Ⅰ.①非… Ⅱ.①罗… ②陈… ③王… Ⅲ.①商业模
式－研究 Ⅳ.①F71

中国版本图书馆 CIP 数据核字 (2017) 第 129430 号

非显著趋势

著 者：[美] 罗希特·巴尔加瓦 陈一柟
译 者：王 烁
出版发行：中信出版集团股份有限公司
（北京市朝阳区惠新东街甲 4 号富盛大厦 2 座 邮编 100029）
承 印 者：北京通州皇家印刷厂

开 本：880mm×1230mm 1/32 印 张：8.25 字 数：160 千字
版 次：2017 年 9 月第 1 版 印 次：2017 年 9 月第 1 次印刷
京权图字：01-2017-4268 广告经营许可证：京朝工商广字第 8087 号
书 号：ISBN 978-7-5086-7811-5
定 价：58.00 元

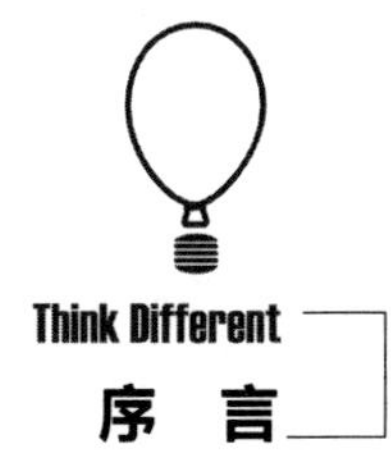

Think Different 序 言

面对未知的世界，我们能做的，唯有拥抱和参与

仲夏的北京，天气已有些炎热，陈一枬女士转给我《非显著趋势》一书，并嘱我写篇序言。好友之命，唯有从之。

人类自诞生以来，即对未来的趋势和预言都深深迷恋，因为，从任何一个历史时间点来看，我们都会发现，趋势正在裹挟一切。我们渴望用预言和趋势来降低自己内心的不安全感，减少做无用功的可能性，抑或是提高学习和工作的效率，提早面对可能到来的变革浪潮。越是迷雾重重的时代，越是自己觉得重要的事情，我们越想看得更远，看得更早，看得更清晰。

这个时代正在经历一场人类有史以来可能最为深远的革命，它改变了传播和技术，也改变了人。在全人类的共同推动下，它在不断地扩大和深化。与之相伴随的还有诸多类似于升级、转型、颠覆、革命等话语。尤其在中国，广阔的土地及众多的人口、复杂的民族成分和普遍的城乡差异、根深蒂固的文化传统加上近代以来的诸多历史变动，使得中国市场所面临的问题具有难以比拟的复杂性和艰巨性。对于那些能够真正洞察到趋势的人来说，这是一个最好的时代，也是最坏的时代。

关于趋势的著作可谓是汗牛充栋，不胜枚举。《非显著趋势》显得有一些些“异类”，这种“不走寻常路”的“异类”体现在三个方面：

第一，“非显著”的独特视角

《非显著趋势》并非空谈“思考”，并非单纯以判断来夺人眼球。正如作者所言，有价值的趋势从来都不是对未来世界的凭空猜测和痴心妄想，而是基于对当下世界的细微体察和用心揣摩，以另辟蹊径的方式理解当下那些“加速发展的现象”，从而获得一种关于不远的未来的独特洞察和发现。《非显著趋势》提供了一种预测趋势的方法，系统性地探讨趋势的由来，以此来帮助读

者提升观察理解周围世界的能力，培养一种“非显著”的思考方式，从而每一天都提升创新思维。

第二，长年观察，中西智慧

本书作者罗希特·巴尔加瓦连续六年写作“非显著趋势”系列书籍，并入榜《华尔街日报》畅销书榜单，还在乔治城大学讲授市场营销课程，也曾在全球32个国家的商业论坛做过演讲。合著者陈一枏女士为中国营销传播业界领军企业威汉营销集团的CEO（首席执行官）和董事长，在长期对中国的观察和理解基础上，她带领威汉团队，撰写了本书的“中国相关性”部分，让全球性的“非显著趋势”在中国市场“落地”。

第三，“策展人”的思考方式

商业从来都不是孤立和封闭的存在。书中所描写的15种“非显著趋势”涉及到文化、营销、技术、设计和经济等多个方面，它们从来都不是彼此分离的，正是这些因素的相互作用构成了社会整体生活方式的不断变革。在此基础上，本书收集和整理大量资讯，最终以一种“策展人”的方式，提炼那些对企业商业战略和个人职业发展大有裨益的“非显著”趋势。

回到当下，世界的变化速度快得超乎我们的预料。许多刚刚出现的新东西、新现象还没有太熟悉，便已落后或陈旧。尽快地认识趋势，是面对变化时掌握主动性的前提；拥抱新事物，常怀对于世界的好奇之心，学习之心，才能融入时代。

读完本书时，已是深夜。燥热减退，凉风习习，万物重归平静，本书的意涵大体也在于此吧。

丁俊杰

中国传媒大学教授

国家广告研究院院长

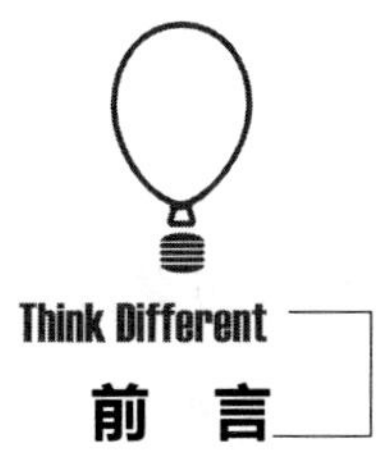

Think Different

前　言

> 学习是种体验。其他一切只是信息。
>
> ——阿尔伯特·爱因斯坦（Albert Einstein），物理学家

如果你曾沿着印度公路旅行，就会知道有一种机制能帮助你在混乱中找到秩序。

这种调控一切的力量并不是什么神奇技术或者更完善的路标。很简单，印度司机更能理解周围的一举一动。他们相互交流，协商如何应对棘手的路况。鸣笛表示打算驶过十字路口，手势和眼神表明不同的意图。这里的车流更缓慢，但目标明确。简言之，司机们对于交通状况并非浑然不觉。

这种交通模式有时也会出现在亚洲其他地区，和西方世界大多数司机的做法形成鲜明对比。

在美国、英国和澳大利亚等国家，司机之间很少有交流，除非是对彼此的愚蠢行径表达愤怒和质疑。人们购买奢华的隔音车，将自己和路上的一切分离开来。这种车内技术让人们以各种方式摆脱了实际驾驶和留意其他司机所带来的烦恼。结果可想而知。

大多数西方司机很少关注彼此，认为只要跟随交通标志、遵守交通规则就够了。很遗憾，他们往往是错的——这导致了各种交通事故，甚至更糟糕的情况。

那么，这些和领导力有什么关系呢?

想象一下，你以西方人对待驾驶的方式来对待自己的团队。你可以用最好的技术将自己包围起来，避免和任何人面对面互动，依靠“交通规则”抵达目的地。你认为这样效率会有多高?

这本书的核心观点就是，真正的领导力、创新和改变世界的思想来源于以非凡视角看待周围的世界。成功意味着抬起头来，而不是低下头去。

高效的领导人和成功的企业都会承诺在对话中学习。他们不会懒于观察，疏于对话。相反，他们好奇心强，善于观察，知道真正深刻的见解来源于倾听，而非讲述。

与以往任何时候相比，现在有更多的对话供你倾听，这既是好消息，也是坏消息。当然，你可以倾听身边的人，也可以倾听其他团队的成员。但互联网也是社交媒体公共对话的宝库，等待人们发掘。

人们在谈论什么，他们为何谈论？与他们直接互动，你能学习到什么？

例如，贝纳通[①]印度区总经理桑杰夫·莫汗蒂（Sanjeev Mohanty）关注商业趋势和公共对话，迅速获得改革创新的美誉。他每天都会选择几封顾客发来的邮件直接回复。顾客收到高层领导的回复都很惊讶——他则获得顾客的直接回馈。这就是双赢。

关键在于，所有这些顾客需求都在网上，人们也渴望和领导人及品牌建立这样的联系。你只需要下定决心，提升自己的观察能力和互动能力。

我们很容易觉得，提升驾驶技术是把车开好的理想途径。但如果关键在于放慢速度，注意周围事件并和其他司机交流呢？

本书的目的就是讲授相关法则，让你见他人之未见，帮助你

---

① 贝纳通（BENETTON），意大利著名服装品牌，成立于1965年，是世界上发展最快的服装生产厂家之一。——译者注

培养某种思考方式。我将它称为“非凡”思考法，培养这种思考法可以改变你的公司业务和职业生涯。

我将以商业趋势为背景讲述这一思考方式。不管怎样，大多数人还是对趋势和预言家深深迷恋。在我们眼里，这些年度预测就是对未来的展望，令人心驰神往。

问题只有一个——大多数预测都基于猜测，懒于思考。这些预测平淡无奇，并不非凡。

当下的出版物中，平淡无奇的思想大行其道，本书的灵感正来源于此。在这个几乎人人只差一步就自称专家的世界，学会独辟蹊径比以往任何时候都来得重要。仔细观察并揣摩各种想法，能让我们从独特的视角理解人们为何购买、销售和信赖每一种东西。

这本书的目标就是教你避开浅显，看到别人错过的想法、模式和趋势。

何谓趋势?

趋势就是对加速发展的当下进行推敲后获得的独特看法。

有价值的趋势从来都不是对 20 年后世界的预测，那些往往是凭空猜测、痴心妄想。回到 1997 年，你觉得有多少趋势预测人能够预言微信等事物的崛起?

一个都没有。

但这并不表示趋势毫无用处。最有力的趋势能够根据对当下的观察,预测不远的未来。理解不远的未来,其价值超乎你的想象。

趋势为何重要

生活中的很多决定都是短时间内做出的，虽然我们可能不这样表述。你在短时间内决定创办企业；在短时间内选定结婚对象；从一个职位跳到另一个职位，也是在短时间内完成的。

长期决策始于短期决定，所以相比较猜测 20 年后会发生什么，理解世界的实时变化更有价值。

每次上台发言，我总是先介绍自己是个“趋势推敲人”。之所以用这个词，是因为它表明了我热爱收集想法，耐心寻找其中的模式，用崭新有趣的方式描绘世界。

过去六年里，每年经过筛选后我都会出版一本作品，讲解塑造来年商业世界的十五大趋势。这一系列的“非显著趋势报告”(Non-Obvious Trend Report)，都是基于一整年的研究、对话、思考和写作。

在这六年里，我为世界上的多个大型品牌提供过商业战略建议，在乔治城大学讲授市场营销课，也曾在全球32个国家的活动中发言。

这一切经历给了我宝贵的机会，可以在多个行业工作，全面彻底地研究媒体、文化、营销、技术、设计和经济。我每年也会阅读和评论许多书籍，购买各种各样的杂志，从云计算到阿米什人[①]的农作方法。

我的方法是收集各种思想，类似于飞行常客累积航空里程——等待他日兑换为金钱奖励。

为何写这本书

我的“兑换”就是年度趋势报告，但和其他趋势预测人不同，分享年度报告对我而言仅仅是开端。倘若我真的相信推敲趋势的价值，相信每个人都能学会，那么分享推敲趋势的过程同样重要。

因此，本书分为五章。

前三章讲述了如何收集和推敲想法，如何确保记录下精妙的点子。这三章讲到的原则，都基于我为全球多个品牌开展的独家

---

① 阿米什人是美国和加拿大安大略省的一群基督新教再洗礼派门诺会信徒，以拒绝汽车及电力等现代设施、过着俭朴的生活而闻名。——译者注

培训和私人研讨会，此前未曾公开。

第四章讲述了15个新趋势和相关见解，它们将塑造未来商业。我特地从过去几年的研究中做了遴选，专门针对中国商界编写。为了让这些趋势尽可能本地化，我向北京、上海和中国香港的多位富有洞见的媒体人寻求帮助，他们研究每一种趋势，为中国市场找到了本土范例和应用场景。

第五章以简短的篇幅指引你将趋势应用到实践中，催生真正的创新，无论你供职的公司规模多大。这一章中，有关于我们的定制化学习项目和研讨会的简短描述，有如何在团队中举办研讨会的相关指引，还有如何将创造性思维引入团队和组织的具体建议。

你可以按章节顺序阅读本书，也可以在趋势和方法之间来回切换。无论你是关注趋势预测和趋势应用，还是希望学习推敲想法的技巧与非凡思考法，这本书既可分多次阅读，也可一口气读完。

无论你想怎么读，本书的目的都很简单：帮你提升观察理解周围世界的能力。掌握了这一点，你每一天都能提升创新思维。

除了我和我的团队为推敲非显著趋势而进行的经年累月的研究，我还非常荣幸地在这个中文版中收录了关于中国市场的洞察和思考。这些与中国市场高度相关的趋势解读，来自本书合著者陈一枬女士所领导的威汉营销传播集团的充满智慧的团队，包括李骥先生、陈亮途先生和其他亚洲市场不同国家的专业人士。由于他们辛勤的努力和宝贵的定制性产出，您现在手中的这本书，因此而变得更好，更具相关性，读起来也一定会更加有趣。

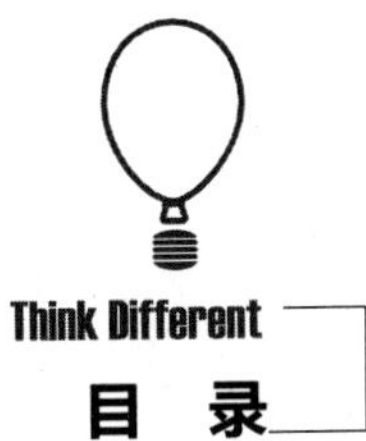

目 录

第一章 如何记录好点子

第二章 推敲想法的艺术

第五章
创新行动指南如何追随灵感

第一章 如何记录好点子

> 除非整个宇宙和物理定律在某种程度上提供支持，否则即使最细微的思想也无法存在。
>
> ——凯文·凯利（Kevin Kelly），《技术想要什么》

我曾经一周之内在三个不同的会议上发表演讲，主题只有一个：宏大的想法。

国际商业界擅长将整场会议用于寻求更好的想法，鼓励每个人阅读畅销书，激发更多宏大的想法。然而我们渐渐发现，遗憾的是，相比于提出想法，大多数人唯一更在行的是白白浪费想法，要么执行得很差，要么根本不执行。

我们把想法写在纸上，然后不知扔到哪里去了，或者忘了重读。我们在头脑风暴中获得许多点子，却从未转化为行动。有时我们获得极好的想法，付诸实践后却收获有限，结果令人失望。

为什么我们的好点子往往执行效果很差？更重要的是，我们需要做什么来改变这一状况？

世界上最怪异的一个博物馆位于挪威奥斯陆的一个街角，它为我们的问题提供了意想不到的线索。它由著名艺术收藏家、亿万富翁克里斯汀·林内斯（Christian Kinghes）创办，名为“小瓶子博物馆”，收藏的小酒瓶数量居世界首位。

小瓶子博物馆的藏品可远远不止荷兰航空公司几十年来送给旅客的那些标志性的荷兰小酒瓶,还有以死亡为主题的瓶子，奇特物体漂浮其中，还有“罪恶之屋”，屋里的瓶子来自阿姆斯特丹红灯区。这些古怪收藏最有趣的地方并非瓶子本身，而是任何时候展出的瓶子只有总量的 1/5 左右。

把所有的瓶子全部展出，会显得很杂乱。

选出最好的瓶子，组织成有趣的主题展，博物馆便能够讲述意味深长的故事。和所有伟大的博物馆一样，小瓶子博物馆经过筛选，为一个个孤立的有趣事物赋予了含义。

一个主题怪异的博物馆筛选藏品策划主题展，和提高我们把握运用绝佳想法的能力有什么关系呢？

想象一下你是博物馆馆长，馆藏内容是你的各种想法。

如果空间有限，只能展出最佳的想法，无法顾及其他，那你就得找到某种方式将各种小想法汇集起来，整合成大想法。

实际上，具有远见卓识的企业家和领导人恰恰是这么做的。他们将来自多个行业的迥然不同的想法汇集成某种独特的东西，为世界带来价值。

为什么有些人常常能做到这一点，开创改变世界的新产品、新服务或新公司，而其他组织和领导者却拒绝改变，年复一年做着同样的事情，最后黯淡下去呢？

我认为，筛选是一种秘密武器，正是它将伟大的领导者、远见者和那些无法适应未来的人区分开来。

想一想我们每天面对的大量媒体内容，从杂乱中寻找意义其实是一个常见的难题。

> 筛选就是从杂乱中寻找意义的秘密所在。

我们喜欢用“信息过载”一词来谈论这一现象。然而，作家兼演讲师克莱·舍基

（Clay Shirky）则认为这是人类自身的问题，而非技术的问题。他认为，真正的问题是如今“过滤机制失效”，过去由于内容生产的成本限制，出版商往往需要筛选出高质量的内容。

如今，内容生产成本大幅下降，任何人都能随意出版，没有质量要求。于是我们不得不应对各种虚假新闻、质量恶劣的“报刊文章”以及数量庞大、分散注意力的搜索引擎条目。

在这个内容爆炸、过滤失效的世界，学会筛选比以往任何时候都更为重要。我们必须亲自编辑自己希望阅读的首页内容，必须提高水平，将精华思想从杂乱中分离出来。

成为思想筛选者

我第一次听说小瓶子博物馆是在奥斯陆的一场活动中。我是发言人,应主办方邀请前往博物馆。博物馆的故事十分迷人，但从奥斯陆回家的航班上，我才意识到筛选对于我的工作是多么重要。

几个月前，我刚出版了《非显著趋势报告（初版）》，当时想的是发表一篇关于趋势的文章，因为此前一年我收集了很多想法，但从未落笔。

有件事我当时已经在做但却没有意识到，那就是收集各种有趣的想法，以极度混乱的方式保存下来——随意写在纸上，然后打印出来，从杂志上撕下页面放入桌上的文件夹。

结果，这个文件夹成了我保留这些想法的关键所在——因为有个地方可以存放，直到后来这些想法发挥重大作用。我写第一份报告时，目标是超越网上读到的那些平淡无奇的观察结论，描绘我收集的题材反映出的各种模式。

我的目的是获得深刻的见解，这些见解要么未得到他人注意，要么未获得应有的重视——这就是为什么我一开始就称其为“非显著趋势”。

那次从挪威回家的航班上，我意识到自己偶然采用的这种获得不同信息的方法——用一年的时间收集各种想法，等待几个月再做分析——可以进一步拓展，我的年度趋势报告就这样诞生了。

《非显著趋势报告》是对未来的预测，但在写作过程中我也开创了自己的方法，将这种通过筛选进行想法收集分析的手法呈现出来——并教授给其他人。

听过我笔下趋势或活动发言的人，大多数想要了解的就是我谈到的最后一个追求。他们的第一个问题往往是一样的。

大问题……

每个人真的都能学会预测未来吗？

这是人们向我提出最多的一个问题——我的回答往往是分享几年前的一个小故事，当时我坐在儿子小学校园外的草地上，看露天电影。

当时放映的是迪士尼与皮克斯合作出品的动画片《美食总动员》（*Ratatouille*），这是个经典的跨界者故事，一只名为雷米（Remy）的老鼠居住在巴黎街道下——它热爱烹调。

当然，没有人想在厨房里看见老鼠——但雷米却在想象中得到了自己心目中的英雄的话语鼓励，这个英雄是一位已故的厨师，其信守的格言是“人人皆能烹调”。这恰恰提醒了我，伟大的思想也能来自最意想不到的地方。

这个想法启发了我……尤其是关于未来世界的思考和写作。

未来崭新而迷人。未来是创造财富、塑造文化的地方。未来极具诱惑。当然，预测未来似乎并不可能。我们怎么可能有把握地对未来进行预测呢？

和其他“未来学家”不同的是，我从不关注长远的未来。

相反，我研究和书写的是短期内有确定性的未来。

我的秘密就是提升自己理解当下的能力。

我们对当下的理解越深刻，就越能精确预测未来。这是本书最核心的简单前提，也是任何人都能学习掌握的东西。

然而，第一步就是破除关于趋势的最常见的谣言。这一谣言在我们谈论预测未来时听到得最多，可以归结为四个字：找到趋势。

找到趋势

找到趋势就是各种各样的趋势摆在外面，一览无余，等着我们去观察记录，就好像鸟类观察家寻找鸟类一样。然而现实中的趋势根本不是这样。

> 找到趋势并不是预测未来的关键。

人们往往找到的是孤立的例子或题材。将他们发现的一大堆东西称为趋势，就如同将货架上的鸡蛋、面粉和糖称为蛋糕一样。你可以“找到”各种材料，但必须经过筛选与推敲才能发现趋势，才能以一种有意义的方式描绘这个世界。

每个人都能培养正确的习惯，提升推敲趋势、预测未来的能力。你要做的就是培养正确的习惯和思维方式。

虽然推敲趋势并不需要某种特定的专业知识，但你需要破除心理学家很久以前就提出的“知识诅咒”——它实质上描绘了一种普遍的状况：专业知识导致视野狭窄。

换句话说，你对某个主题越了解，就越难看到非正统的观点，越难接受违背原有知识的事物。

然而，真正的创新需要独特的思维方式和能力，发现别人错过的东西。想要学会这一点，有五条核心准则可以帮你筛选和推敲趋势，破除自身知识的诅咒。下一章我将详细阐释这些准则，告诉你如何使用。

第二章

推敲想法的艺术

我们持续前进，开拓新领域，做出新尝试，因为我们很好奇，好奇心引领着我们踏上新征程。

——华尔特·迪士尼（Walt Disney），企业家、改革者

两年前，美国一位退休邮政工人的故事传遍了世界，他在不知不觉中收集了一批世界顶尖的现代艺术收藏品。

赫伯特·沃格尔（Herbert Vogel）于 2012 年去世，享年 89 岁，当时他和妻子多萝西（Dorothy）已经成为艺术界的传

奇。他去世后又有新闻传来，五辆大型搬运车出现在沃格尔于纽约租下的租金受管制的单卧室公寓前，装上5000多件艺术品。花费了几十年工夫的“沃格尔收藏品”将永远入驻国家艺术馆。

沃格尔夫妇总是说，他们所做的事情不过是购买收集自己喜欢的艺术品。

这种热情常常引领着他们去寻找新晋年轻艺术家，并快人一步提供支持。最后，沃格尔夫妇不仅成了收藏家，还成了潮流创造人，正如后来一位评论家谈到的，他们“传说中的收藏品”来自于几百位艺术家，包括波普艺术家罗伊·利希滕斯坦（Roy Lichtenstein）和后极简抽象派艺术家理查德·塔特尔（Richard Tuttle）。这些艺术家现在都是全球各地博物馆的“香饽饽”。

沃格尔夫妇等艺术赞助人追随直觉，收藏美妙的艺术品，他们身上的品质同样可以造就伟大的策展人。

博物馆策展人按不同的主题将藏品进行整理，讲述各种各样的故事。独立策展人则收集自己热爱的点子和物品，创造故事。不管怎样，策展的目的向来都是将孤立的物品或原件编织成一个故事。

策展人为各种孤立的事物增添了意义。

策展人启发了我——也肯定不止我一个。商业世界开始关注经过长期实践的策划工作，这种趋势变得越来越频繁，甚至艺术界和艺术评论界都已经开始注意。

当然，我知道称自己为某个领域的“策展人”似乎有些夸大其词。策展人往往是一个职位头衔，适用于那些在某个领域有着多年经验的人，甚至可能还限制在某些特定行业。然而，如今的策展人却有着各种各样的背景。

有些策展人专注于艺术与设计，其他人则可能关注历史与人类学。有些经过专业训练，拥有学位，其他人则全凭爱好，如沃格尔夫妇。纵使背景各异，共同的习惯却使他们善于为藏品增添意义。

策展并不要求你是个专家、研究员或学者。下面五个准则将助你把策展的力量应用到实践中，挖掘更好的想法，进而形成自己对加速发展的当下的看法。

过去五年里，我通过各种研讨会和讲习班将这些习惯分享讲授给了许多商务专家、创业者和大学生。这些经历让我知道，我们都能够学会这些技能。

推敲想法的五大准则

保持好奇心——多问为什么，把时间和精力投入学习中，通过研究和提问增长知识。

善于观察—— 学会在许多事件或生活中发现别人可能忽视或认为不重要的微小细节。

变幻无常——从一个想法转移到另一个想法，不会念念不忘，也不针对每个想法钻牛角尖。

深思熟虑——多花时间形成有意义的观点，不带有偏见地看待不同的观点。

简洁凝练——用优美的词句描述想法，用简单易懂的方式将迥然不同的概念整合在一起。

让我们从第一个准则开始着手学习：好奇心。

好奇心指南

人类天生就有好奇心。问题就在于不断地找到各种途径探索自己的好奇心，但又不至于感觉总让自己分心。著名大厨、饮食界先锋费兰·阿德里亚（Ferran Adrià）曾被问及早餐喜欢吃什么，他的回答很简单："我希望一个月里每天都吃不同的水果。"

想象一下你是否能以同样的方式对待各种想法。想要变得更好奇就得多提问，询问事物的运作原理，以惊喜之感去接纳陌生的情境和领域。

保持好奇心的 3 个秘诀

秘诀 1——花时间接触更具智慧的媒体内容

很不幸，我们周围充斥着各种低级的媒体内容，例如真人秀中各种令人反感的人做着令人反感的事（有时候在岛上，有时候在后院）。虽然这种愚蠢的娱乐媒体常常让人上瘾，但其内容单调呆板，无法激发好奇心。消费那些更具智慧的媒体内容才能激发好奇心，例如纪录短片，或者一段 17 分钟的启发灵感的 TED[①] 演讲。

秘诀 2——购买目标受众不是你的杂志

好奇心帮你通过别人的眼睛观看世界，即使一开始并不舒服。做到这一点，我常常采取的一种方式就是购买小众杂志，了解陌生领域。例如，《摩登农民》（*Modern Farmer*）、《模范铁

---

① Technology、Entertainment、Design（科技、娱乐、设计）三个单词的首字母缩写。

路员工》（*Model Railroader*）和《美丽家居》（*House Beautiful*）是三本全然不同的杂志，可以在很多书店里找到。相比其他便捷简单的活动，阅读这些杂志中的故事、广告和图片更能够带你走进熟悉的世界。

秘诀 3——多做停留，提出问题

2015 年，我应邀前往涂料行业的一个活动发表讲话。我对这个行业知之甚少，真的很想露个面做主旨发言然后直接离开。然而，我留了下来，在展厅里走动，向别人提问。不到 30 分钟的时间里，我就了解了涂料的配置方法以及常用配料。我还听闻行业内关于塑料容器与金属容器的争论，以及计算机配色系统的崛起。这样一来，我的讲话变得更有意义，因为我选择留下，多做提问，而不是选择捷径，立马离开。

如何培养观察能力

乔·纳瓦罗（Joe Navarro）是著名的前联邦调查局特工，如今的工作是教人们正确解读肢体语言，他曾写道，“问题在于，很多人花了一生的时间去观看，而不是观察”。提升观察能力并不是为了看到宏大的事物,而是训练自己更加关注微小细节。

提升观察能力意味着训练自己发现别人常常错过的细节。若做到了这一点，你观察到的东西就能带你从前所未有的角度获得关于人、流程和公司的新认识。

培养观察能力的 3 个秘诀

秘诀 1——回答孩子提出的问题

若是幸运地在生活中有孩子陪伴，有一种极佳的方式可以训练自己更频繁地观察世界，那就是将周围世界更清晰地解释给孩子听。最近我的孩子问我为什么施工车辆和交通标志是橙色的，而汽车却不是，这让我不得不思考一些往常容易忽视的东西，虽然我也给不出完美的答案。

秘诀 2 ——发现行动中的模式

每一种情境都包含许多流程，从校车如何在各个站点让孩子下车，到咖啡店每天早上如何接收和处理订单。当你打量这些互动过程时，会发现大部分都不是巧合。留心观察，会扪心自问：一个典型的互动过程是怎样的？“常规”和“崭新”的互动过程又有何不同？发现这些日常生活中的模式能够训练你将这种观察技巧应用到其他情境中去。

秘诀 3——放下手机

盯着手机度过平凡的生活是件容易的事。手机除了容易吸引我们的注意力，还让我们无法看到周围世界的真相。与其让手机自动指引我们完成通勤、购买杂货等日常任务，不如训练自己放下手机，培养观察能力。

如何变幻无常

变幻无常似乎是个坏习惯，但情况并非总是如此。听到这个词，我们总会想到那些消极的场景：行为反复无常，过于迅速地抛弃他人或想法……但学会有目的地变幻无常却是一种优点。

变幻无常意味着在获得想法的那一刻无须完全理解或深入分析。表面上看，这似乎违反直觉。毕竟在发现一个好想法时，为什么不花点时间进行分析，建立自己的观点呢？然而，扔掉这个不必要的步骤能够让你发现并收集更多的想法，待日后消化领悟。

变幻无常的 3 个秘诀

秘诀 1——用实体材料保存想法

有了印象笔记这些提高工作效率的软件和其他智能技术方案，我们可以通过许多方式将信息进行数字化存储。但这些信息有时会隐没在成堆的数据中，得不到我们的回顾，而信息之间的联系也很难呈现。相反，我常常把文章打印出来，从杂志上剪下各类故事，放入书桌上一个单独的“趋势文件夹”中。将各种想法以实体材料保存起来，以后就能在桌上铺开，分析起来也将会更容易。

秘诀 2——快速评估想法

如果有机会，大多数人看到或发现某种东西后都会自然而然地花些时间进行分析。变幻无常这一概念，有一部分就是故意推迟这一过程，定时器可以帮我们做到这一点。当你阅读观看某种新媒体时，使用定时器还有另外一个好处，那就是迫使你对事物迅速做出大概评价，随后将它们放在一旁，继续接触其他事物。

秘诀 3——用记号笔做注解

一年下来，我找到的许多文章和题材都会用几个词进行标记，概括主题。我用的是记号笔，因为粗大的字母更显眼，不知不觉中也让我写得更少。这个技巧也能促使你在某个时刻只做出最有价值的观察思考，而把其他思考留待以后进行。

如何深思熟虑

2014 年，也就是我开始写作个人博客的十年后，我决定关闭评论功能。这样做的原因很简单。我发现评论的质量持续下降，以往人们精心推敲的措辞和活跃的讨论已经退化成点赞式的评论和刷屏。很遗憾，人们的评论变得十分轻率，而非深思熟虑。

深思熟虑意味着多花时间思考某一观点，慎重分享。由于有了匿名评论，做出未经思考的回复也轻而易举，因此深思熟虑变得比以往更为重要。

深思熟虑的 3 个秘诀

秘诀 1——选择等待

互联网信息可以实时呈现，这既是美妙之处，也是问题所在。我们一有想法，就可以立马分享。我们很容易认为，如果不能第一个评论，那么想法就滞后了。这往往是错的。“实时”的含义不应该是脑袋一热几秒之内就做出评论。

相反，你应该重新思考“实时”的含义，确保在社交媒体上写下评论后，它不会马上失去意义。这意味着你可以选择花 15 分钟（甚至更久！）思考一下如何做出评论。

秘诀 2——经常改写

每个不得不长时间写作的人都会说，提高写作水平的根本方法就是逼迫自己去写，即使写出来的东西不是很优美。说到写作时的仔细推敲,即使才华横溢的作家也会下功夫改写作品，而不是简单地将刚写出来的东西就发表出去。

秘诀 3——多做停顿

一旦上台面对观众，演讲者希望掌握的一件事就是如何适应沉默。这并不容易。然而，如果能够有效地使用停顿，你就能强调那些希望人们听到或记住的东西。无论上台发言，还是与人对话，这个法则都适用。其中的技巧就是利用停顿来寻找合适的词汇，这样在分享观点时才会更加深思熟虑。

如何做到简洁凝练

我们喜欢看到简洁的解决方案，乐于看到它们能够带我们轻松了解事物的总体轮廓，但拟定这样的方案也许并不容易。如果你曾坐在电脑前，或者手拿纸笔准备简单讲述一个故事，就会知道写作比表面上更困难。但我们都有能力简化自己的想法，以简洁凝练的方式分享给别人。简洁凝练意味着培养自己的能力，以优美简洁的语句描绘一个概念，让别人容易理解。

简洁凝练的 3 个秘诀

秘诀 1——从常见的概念开始

在往期的趋势报告中，我最喜欢的趋势之一是“Selfie

Confidence”（有自拍，更自信）。这个名字是“Self Confidence”（自信）的改写，我这样写是为了让人们重新评价已知的事物，用新的眼光去看待。在大众观念中，自拍是自恋的表达——但这个趋势却传达了这样的概念：自拍实际上可以帮助人们培养自信。全新的视角和意想不到的名字，使得它成为我那一年的报告中最受欢迎的趋势之一。

秘诀 2——简明扼要

如果你回顾我往期的趋势报告，就会发现大多数趋势的名字都不超过两个词。简洁往往带来凝练，这常常意味着用词越少越好。阐释和推敲想法的时候，一开始按实际需要使用多个词是完全可以的。但是想让想法更凝练的时候，一个必要的步骤就是在命名和描绘想法时减少用词数。

秘诀 3——像诗人一样用词

诗人创作时遵循的某些基本准则，同样有助于每一个推敲趋势的人。其中一个就是在表达时抛弃平淡无奇的用语，改用比喻和形象化手法。另一个就是使用押韵，或者用头韵让一个概念变得整齐匀称。如果翻到本书第四章，就会看到我在很多地方应用这些准则去描绘趋势，例如“Preserved Past”（体验主义）或“Lovable Unperfection”（反完美主义）。

五大准则有何用

回顾前文，我分享这五大准则帮助你学习推敲想法，这似乎有些随意。这五大准则有什么特别之处呢？

事实上，我归纳这五大准则的过程本身也是一种有趣的筛选、推敲和练习。在过去几年里，我阅读了许多专业艺术策展人的采访资料，了解他们如何掌握谋生的手段。我购买了趋势预测人、未来学家和创新者写的十几本书。

我采访了几十位顶尖的商业领袖和作家，仔细研究自身行为，而且（如本章前文所述）为乔治城大学的学生和私人研讨会的商业专家讲授这些习惯，考察其效果及反响。

最后我选择了本章阐述的五大准则，因为它们最有帮助，最为系统，也最容易学习，一旦将其应用到实践中，效果也最好。

在我们开始接触如何一步步将更多的创新融入到组织中，培养创造性思维之前，让我们做个扼要重述，快速回顾一番：

五大准则——回顾

- 保持好奇心意味着追问事物的运转机制，以惊奇之感去接纳陌生的情境和题材，崇尚学习。
- 善于观察意味着训练自己看到大多数人常常错过的细节。
- 变幻无常意味着在获得想法的时候无须完全理解或深入分析。
- 深思熟虑意味着多花时间思考某一观点，慎重发表。
- 简洁凝练意味着培养自己的能力，以优美简单的语句描绘某一概念，让别人容易理解。

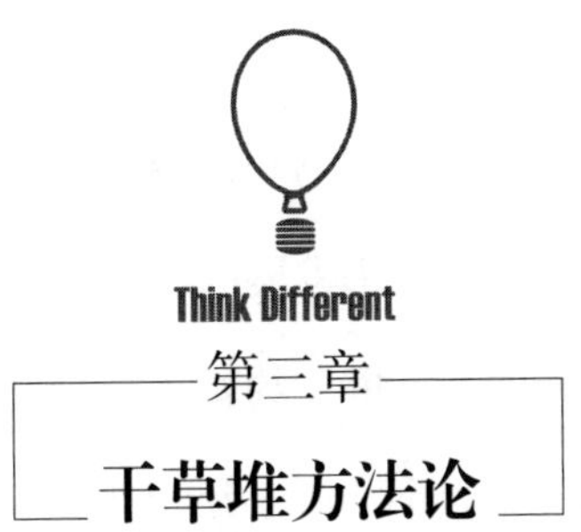

第三章 干草堆方法论

“预测未来的最好方法就是创造未来。”

——彼得·德鲁克（Peter Druchker），
《创新与企业家精神》（*Innovation and Entrepreneurship*）

1982 年，一本名为《大趋势》（*Megatrends*）的书改变了政府、商界和人们对未来的看法。

在书中，作者约翰·奈斯比特（John Naisbitt）首次预测，我们将从工业社会演变为信息社会。当时距离互联网出现还有十几年。他还预测社会从等级体系到网状结构的转变，预测全球经济的崛起。

抛开该书笃定的美式乐观主义，其描绘的10个主要转变中大部分都领先于时代。首次出版时，一位评论家盛赞其为“仅次于水晶球的最佳预测”。该书全球销量超过1400万册，目前依然是过去40年里谈论未来发展的作品中销量最高的。

该书出版后的几十年里，约翰·奈斯比特［和妻子多丽丝·奈斯比特（Doris Naisbitt）］还出版了几本书，讲述中国的趋势与变革，包括《中国大趋势》和《创新中国》。那段时间里，他在几十次媒体采访中都被问及同一个问题：如何培养预测未来的能力？其他人能学会吗？

对于奈斯比特而言，他深信观察的力量。预测未来之前，要通过观察去理解当下（正如本章开头的引言所述）。多次采访中，朋友和家人常说奈斯比特“对于人、文化和组织都有着无限的好奇心”。

2006年，《今日美国》（*USA TODAY*）的一篇人物简介甚至还提到他的一项嗜好，即扫描“几百种报纸和杂志，从《科学美国人》（*Scientific American*）到佛教杂志《三轮》（*Tricycle*）”，认为这象征着他永不停歇的学习渴望。

无论过去还是现在（88岁高龄），奈斯比特都喜欢收集各种想法。他的思维方式多年来启发着我以类似的开阔视野去看待世界，启发着我找到推敲想法、阐释趋势的途径：干草堆方法论。

干草堆方法论解析

> 干草堆方法论描绘了这样一个过程：首先专注于收集题材和想法（干草），用来描述一种趋势（针），为题材和想法赋予意义。

我们很容易用西方世界老生常谈的“干草堆里寻针”来形容发现趋势的过程。这种视觉上的相似性让我想起了“找到趋势”这一谣言，我在前文已经表示怀疑。揭示趋势的过程根本就不是将端坐在“干草堆”里的趋势找出来。

在这个方法论中，想要有所收获，就需要汇总信息，筛选出有意义的组合。“针”就是你对这一系列信息的深刻见解，它刻画了信息的含义——而且根据信息和题材推导出明确的趋势。

趋势推敲人并不去寻找“针”，他们收集“干草”，然后造出“针”置入其中。

这是用比喻的手法描述方法论，但为了让你真正学会应用，我们必须深入探索，就从我起初为何创造这一方法论的个人故事开始讲起。

我为什么开始推敲想法

干草堆方法论诞生于挫败之中。

2004 年，我在一家大型营销机构工作，所在的团队当时正在开展早期的社交媒体业务。我们的想法是帮助大公司找到使用社交媒体的方法。

那时候，“社交媒体”主要指的是博客，因为很多年后才出现 Facebook（脸书）和微信。

我们团队的真正目标是帮助各大品牌与那些有影响力的博主合作。这个善意的计划只有一个问题——我们对博客都不是很了解。

于是，我们所有人都做了唯一似乎合理的事：开始亲自写博客。

那年 6 月，我开通了“影响力营销博客”，打算写写营销、公关和广告策略。第一篇文章的主题很枯燥，讲的是最适合网页设计师的屏幕尺寸。几天过后我碰到了第一个难题：我没有做好接下来写什么的计划。

我已经有了一份全职工作，工作内容也不包括写博客，对于这匆匆忙忙开通的博客，我该如何用新的想法和题材进行定期更新呢?

我意识到自己必须有条有理地收集各种想法。

一开始我的目标只是找到博客文章需要的想法，随意写在笔记本上或者把邮件发到自己的邮箱。后来，我将每天参加头脑风暴获得的想法也纳入进来。不久后我开始保存许多书中的观点，从杂志上剪下页面。基于收集的诸多想法，我创作了许多博客文章（也为客户提了很多主意）。

一开始这四年写作的博客催生了我与麦格劳－希尔（McGrow-Hill）出版公司合作的第一本书——*Personality Not Included*（中文版书名为《匿名的香蕉为什么不热销》，中国人民大学出版社出版，2008 年）。几年后，我希望根据一年里收集的想法写一篇关于趋势的博客文章，于是在 2011 年出版了第一版《非显著趋势报告》。

我之所以分享这个故事，是为了说明收集想法的过程如何帮助我提升自己的能力，并记录和分享大众关注的想法。我成了一个想法收集者——这恰好是干草堆方法论的第一步。

第一步——收集

收集，就是有条有理地从人际互动和生活体验中积累题材和想法。

你每天都会从相同的渠道阅读媒体内容吗？无论阅读哪些内容，你都可能接触到许多有趣的题材和想法。真正的问题就在于，你将它们保存下来了吗？

收集想法的关键就在于养成习惯，保存有趣的事物，日后找出来仔细研究。

我的方法包括在口袋里常备一本鼹鼠皮[①]笔记本，在书桌上放置一个文件夹，保存媒体剪报和打印的内容。我通过许多途径收集想法，下面举几个例子：

关于收集的问题——何处收集想法

1. 活动或会议期间的私人对话（多做提问）
2. 聆听现场演讲或 TED 讲座（写下难忘的演讲词）
3. 娱乐节目（那些值得你去思考的电视节目和电影）

① 鼹鼠皮（Moleskine）是一个意大利高档笔记本品牌。

4. 书籍（虚构或非虚构皆可）
5. 博物馆（越隐蔽越好）
6. 杂志和报纸（尽可能阅读未曾接触的内容，了解自身知识体系以外的事物）
7. 旅游（即使没什么异国情调，或者是短途旅游）

第一次看到这个列表时，似乎平淡无奇。信息来源本身几乎无法使你获得完整的想法或趋势。更确切地说，掌握方法去收集有价值的想法，意味着训练自己通过多种渠道发现有趣的点子，并勤于收集。

收集想法的 3 个秘诀

秘诀 1——找到自己的保存方式

我桌上的一个文件夹里存放着许多想法笔记、从杂志报纸上剪下的文章、网络文章的打印件、会议宣传册以及其他我觉得有趣的想法。这个文件夹让我将很多东西集中存放，十分显眼。你可以选择建立电子文件夹或者纸质文件夹。无论使用哪种方式，重点在于将想法集中存放，以便日后消化理解。

秘诀 2——记录下喜欢某个想法的原因

当收集想法的时间跨度比较大时，很容易忘记当初为什么认为某个想法很重要。想要唤醒记忆就得养成习惯，要么标注几个句子，要么写下关于某个想法的思考片段。以后浏览先前收集的想法时，这些笔记就能帮你回忆起当初的兴趣点。

秘诀 3——捕捉想法，而非获得结论

正如我们在第二章中所学到的，正确推敲趋势的一个关键习惯就是变幻无常。在实践中，这意味着不要过分纠结于完全理解收集到的每个想法。很多时候，最好的方法就是在收集保存某个想法后，将思维转移到日常生活的其他事情上。从容不迫，耐心等待，才能孕育出更深刻的观点。

第二步——聚合

聚合，就是将孤立的概念和不相关的想法在更大的框架中进行整合。

一旦辛辛苦苦收集了很多想法，下一步就是抽时间对早期的观察结果和好奇思考进行深入挖掘，洞察其含义及背后的联系。

当你从收集进入聚合阶段，也就迈出了第一步，开始从众多题材和想法中挖掘深刻的认识。利用一系列的问题可以助你一臂之力——下面列举我最喜欢的一些问题。

关于聚合的问题——如何对想法进行分类

1. 这个题材主要覆盖哪个团体或人群？
2. 这个想法代表了哪种深层的人类需求或行为？
3. 这个题材作为一个例子，有趣的地方在哪里？
4. 同一种现象对多个不相关的行业有什么影响？
5. 是什么特性或因素让我对这个题材感兴趣？

到了这一步，记住一点很重要：行业和类别在分组的时候并不重要。在进行分类整理的时候，不要坠入那种“显而易见”的陷阱，将所有金融服务类的例子放在一起，或者将与Facebook相关的所有题材归到一处。

> 聚合，就是基于需求和人类动机将想法进行分类整理，而不是基于不同的行业和人口统计数据。

在第二个步骤中，没有必要琢磨一个花哨的名字，更没有必要针对任何题材进行大量研究。相反，你要开始将想法进行小规模的聚集，从不相关的概念中找出共性，以待日后分析。

聚合想法的 3 个秘诀

秘诀 1——关注人类天性

有时候，关注普遍的深层人类情感有助于你看清某个事例的底层机制及其重要性。例如，归属感这一人类基本需求催生了许多网络活动，从发表社会评论到加入网络社群。你越能将收集到的想法和其背后的人类基本需求联系起来，就越容易将想法进行聚合。

秘诀 2——抛弃平淡无奇的想法

在获得“非凡”认识的道路上，认可甚至接纳平淡的想法也有一定价值。例如在想法分组练习中，通常可以利用平淡的想法（例如关于新上市可穿戴产品的诸多报道）将各种东西进行归纳，以后再挖掘其中的非凡含义。

秘诀 3——培养直觉

当你训练自己变得更加善于观察，你可能同时发现自己开始培养起对各种重要或相关题材的感觉，即使你无法描述其中的缘由。当这种直觉指引你以莫名的方式找到各种想法之间的联系时，你应该紧紧抓住。之后你可以进一步思考，将这些思想片段联系在一起，仔细推敲后获得趋势。

第三步——升华

如果你已经走过收集和聚合想法这两个阶段——这时你很有可能面临我每年都面临的问题。

可能性太多了。

> 升华，就是进一步挖掘将一个个想法连成一体的底层主题，进而获得一个更为宽泛的概念。

我每年推敲趋势的时候，第一次聚合想法后通常会产生 70~100 个趋势选题。这标志着还有很多工作要做。

因此，在第三步，我们的目标就是以更开阔的视野将各种想法联系起来，最终获得某种趋势。

这可能是干草堆方法论中最困难的阶段，因为整合想法的过程中你可能不经意间将想法变得过于宽泛（也过于平淡无奇）。因此，你在这个阶段的目标必须是升华想法，使之更全面，能够涵盖多个例子。

关于升华的问题——如何深入推敲想法

（1）这些想法最让我感兴趣的地方在哪里？

（2）我之前可能漏掉了哪些因素？

（3）透过表层可以看到什么？

（4）重点是什么？

（5）各种想法之间的联系在哪里？

下一步，我们将讨论趋势命名的技巧［以及虚拟同理心（Virtual Empathy）一词背后的故事］，但我现在举这个例子是想说，在干草堆方法论的升华阶段，你可以开始在不同的行业和想法之间建立联系。即使这些行业和想法一开始似乎毫无联系，分属于不同类别。

我知道，聚合与升华之间的区别可能看起来并不大。事实上，有时候我会将两个步骤同时进行，因为聚合题材的过程可能会拓展你对题材的认识。

在干草堆方法论中，我依然将这两个步骤分开阐释，因为大多数时候两者确实存在差异。不过在实践中，你也许可以提高水平，合并为两个步骤。

升华想法的 3 个秘诀

秘诀 1——利用单词进行升华

当你拥有许多组想法时，有时候将它们概括为几个词有助于你看到共同的主题。例如，当我在为 2014 年度报告收集创业相关的想法时，“迅速”这个词总是浮现在眼前，它描绘的是创业界不断发展的点播服务生态。正是“速度”这一主题指引我将零散的概念整合到一起，最后将趋势命名为“即时创业”。

秘诀 2——整合垂直行业

虽然我告诫读者不要根据行业进行想法聚合，但有时候某个趋势最终还是会限定在特定行业。当我看到一组想法显著集中在某一行业时，总会想办法将它们和另一组想法进行整合。这常常能带来更加开阔的视野，也能移除我最初聚合想法时不经意间产生的行业偏见。

秘诀 3——跟着金钱走

谈到商业趋势，有时某一特定趋势的底层驱动力主要是它为利用该趋势的公司创造的收入。沿着这一思路，有时你能建立起先前未曾考虑过的联系。我在《非显著趋势报告（2014）》中写到的"订阅经济"正是来源于对 all-you-can-read[1] 电子书订阅服务和云端软件发展的研究。这两个例子都表明多个品牌在转变商业模式，依靠订阅服务（过去一年里，这一趋势继续发展，联合利华和宝洁最近都投入巨资开展订阅业务）。

第四步——命名

> 命名，就是以某种容易理解又让人印象深刻的方式描绘一个升华后的想法。

一个好的趋势名能言简意赅地传达自身含义——又让人印象深刻。因此，干草堆方法论的这一步骤往往是我最喜

① all-you-can-read，一个订阅网站。——译者注

欢的，但也最考验创造性思维。当你有能力创造一个概念时，关键时刻就出现了，这个概念要么崭新而有力，让人难以忘怀；要么就被抛在脑后。

有时候，在发表非凡想法的过程中我会发现全新的概念。2006 年，我发表了一篇博客文章，讲述如何优化在社交媒体上分享的内容。我将这种方法称为“社交媒体优化”（Social Media Optimization，SMO）。这一想法催生了十几个目前仍在运营的服务公司，甚至在维基百科上还有相应的条目。

给想法找一个合适的名字就能做到这一点。好的名字能让一个巧妙的想法引发特定人群的想象，帮助他们接纳并描述这一想法。当然，做到这一点并不容易。

事实上，命名趋势需要的时间可能和阐述或研究趋势的时间一样长。我的方法是尝试各种可能。我在便利贴上写下可能使用的名字，逐个进行比较。我会询问过往读者和客户的意见。所有步骤结束后，我才最终完成每份报告中的趋势命名。

关于命名的问题——如何为趋势起一个有效的名字

（1）你拟定的名字尚未广泛使用，还是已经妇孺皆知？
（2）这个名字是否相对简单，可以在对话中大声说出？
（3）是否无须另行解释就能让人理解其含义？
（4）你能想象它是一本书的名字吗？
（5）你使用的词是否独特，而不是人人都挂在嘴边，也不是陈词滥调？
（6）这个名字是否以意想不到的方式建构在常见的话题上？

那最后的名字是怎样呢？当然，你可以看看本书第二部分的各个趋势，比较一下我起的名字。不过下面我举几个先前的报告中出现的趋势，并附带简短的背景故事，讲述每个名字的由来：

虚拟同理心（2016）——每一个思考未来的人都把虚拟现实（VR）挂在嘴边。某种潜在的虚拟现实应用可以建立高度的情感连接，似乎和虚拟现实存在共性——增强我们的同理心。因此，我将“虚拟”和“同理心”两个词合在一起，创造了一种新的方式去思考虚拟现实的巨大作用。

实验媒体（2015）——这个趋势的两个词的组合过程十分迅速，因为我发现许多文章都在谈论社会实验如何创造新的媒体内容。将“实验”（Experiment）和“媒体”（Media）放在一起是可行的，因为“Experiment”的前缀保持不变，带上新的词尾可以创造一个新词，既能激发人们的好奇心，又能让人清楚地猜到词义。

高效强迫症（Obsessive Productivity，2014）——“生活黑客[①]运动”催生了越来越多高效利用时间的方法，我开始感觉所有这些帮助我们充分利用时间的工具和建议几乎到了强迫症的地步。这个趋势的命名很简单，但在我看来已经达到目的了，因为它将一个大多数人眼里相对负面的单词（Obsessive）以开玩笑似的口吻和另一个通常是正面的单词（Productivity）组合在一起。

命名趋势的方式虽然多种多样，但我接下来将分享一些诀窍，讲解我在趋势报告中用得最多的技巧。

① 生活黑客（Life-hacking），指的是各种提高个人办事效率的方法和技巧。——译者注

命名想法的 3 个秘诀

秘诀 1——混搭

混搭就是将两个不同的词或概念组合在一起，获得意味深长的效果。Likeconomics 就是 Likeability 和 Economics 的混搭。Shoptimization 则是 Shopping 和 Optimization 的混搭。使用这一技巧，可以让人们迅速记住并开始使用某种概念，但如果混搭手法不够巧妙，人们就会感觉生硬做作。我之所以不把 Trustnomics 作为书名，是有原因的。混搭最好是易于发音，读音也要尽量接近原始的单词。Likeconomics 和 Shoptimization 都和拆开后的单词发音相似，人们就不大会觉得生硬。

秘诀 2——使用头韵

在给品牌命名的时候，可口可乐（Coca-Cola）和卡卡圈坊（Krispy Kreme）都用到了这一技巧。这种方法是利用两个相同辅音开头的字母，我也曾用这种方法来命名趋势，如 Reverse Retail 或 Disruptive Distribution。和混搭一样，如果将两个不大相称的单词放在一起，也会让人感觉生硬，不过这一技巧可以指引你为趋势打造一个响亮的名字。

秘诀 3——转变含义

这个技巧就是选择一个常见的想法或普通的短语，稍作改变后转变其含义。我最喜欢的一个 2015 年的趋势就是“小数据”，灵感来源于逐渐兴起的“大数据”，我的方法是将这个常用的说法稍作转变，使其引人注目。我用类似的方法命名另一个趋势“Unperfection”——修改了原来的单词“Imperfection”①，产生焕然一新、与众不同的感觉。

第五步——证明

证明是最后一步，确保有足够的例证和具体研究可以证明某种想法精确刻画了加速发展的当下，进而称得上趋势。

我们讨论推敲趋势到了这个阶段，你可能会想我们还没有引入多少切实数据和调查结论。就目前我所分享的内容而言，的确是这样。

干草堆方法论非常依赖分析长期收集的题材和想法，并

① Imperfection 意为“不完美”，作者将该词改造为“Unperfection”，可以理解为“反完美”之意，描绘的是某些品牌放弃追求完美，而以“反完美”吸引顾客。——译者注

发现其中的模式。而说到证明趋势，利用其他类型的研究和数据往往是关键的最后一步。

在某种程度上，需要多少数据和原创性研究取决于你如何看待趋势的应用。你的股东和听众越是善于分析，越是有科学精神，你越有可能需要一些传统的数据来支撑自己推敲的趋势。

无论你打算使用哪种类型的研究结论来支撑某个趋势，每个趋势都应该具备三个关键的要素：想法、影响和加速效应。

让我们分别看看这三个要素。

想法

大趋势是对文化、商业和人类行为转变的独特描述，在表达出含义的前提下尽量用词简单，但又不过分简化。

影响

当某种趋势使得人们开始改变自身行为，使得公司开始调整销售的东西和手段时，它便产生了影响。

加速效应

大趋势的最后一个关键要素就在于它以多快的速度影响着商业和消费者行为，以及这种影响是否会持续到未来。

过去七年里，这三个要素一直是我衡量各种趋势的主要标准，确保我用正确的原则证明趋势。其中，我长期使用的一个手段是每年提出类似的问题，最终确定年度十五大趋势。

关于证明的问题——如何确定一种趋势

（1）这种趋势是否足够独特，称得上新鲜？

（2）是否有人发表过关于这一趋势的研究？

（3）媒体是否开始报道相关事例或关注这一趋势？

（4）各个行业是否有足够的例子表明这种趋势已经被承认？

（5）在可预见的未来，这种趋势可能持续吗？

证明想法的 3 个秘诀

秘诀 1——跨行业研究

证明一种想法也许并非确定趋势的一个最快的方法，就是看你是否只能在单一的行业、领域或情境中找到例证。例如，记得几年前由于通信行业的快速发展，我曾考虑将“简易通信”（Short-Form Communication）作为一种趋势。但除了社交媒体领域，我找不到足够多样化的事例加以证明，于是放弃了这一想法。

秘诀 2——认识到自己的偏见

寻找某种趋势来助推自己的行业、产品或职业生涯，这样的想法最容易蒙蔽你的判断。这是个棘手的问题，因为推敲趋势的目的的一部分恰恰就是支持某种产品或信念。但这也正是许多过分简化或完全错误的趋势产生的原因。真正的趋势不会有明显的行业偏见，也不会无缘无故地服务于个人私利。

秘诀 3——验证你的数据来源

用来支持某种趋势的例子和研究成果,其来源越权威越好。在实际操作中，这意味着要使用人们认可的例子，或者从可靠的组织和学术机构寻找研究成果。可靠的数据来源可以帮助你将观察结果推销出去，否则听众可能会质疑你的结论，因为他们并不信任你的信息来源。

无论你认为证明趋势的理想方式是将其与人类基本需求关联起来，还是用成功的企业和季度收入来支持自己的想法，证明趋势的方法实际上多种多样。

利用干草堆方法论，你能预测的趋势不仅限于消费者行为或全球经济。相反，这一方法论有助于你观察并找出许多领域的模式：媒体、文化、商业以及其他与你有着特定关联的领域。

避开未来乱语

既然我们已经讲解了利用干草堆方法论进行趋势建构、描述和证明的全过程，那就只剩最后一件事了——我提个建议，指出预测趋势的过程中最大的问题：陷入胡说八道。

虽然我热爱趋势，也相信每个人都能学会发现趋势——但事实上人们已经对各种趋势失望透顶，其背后也是有原因的。

经济学家无法预测导致全球经济衰退的各种活动；电视气象工作者预测的降雨从未到来；商业趋势预测人也许是最让人来气的，他们目光呆滞地预测着未来的行业，给出的结论看起来要么平淡无奇，要么天真幼稚，脱离实际。

> 一直以来，似乎至少有一半的权威人士是错的。只不过很难看出是哪一半。

2011 年，记者丹·加德纳（Dan Gardner）写了一本趣味十足、见解深刻的书《未来乱语》（*Future Babble*），谈到了人们对于未来的漏洞百出的迷恋。他的部分目的就是指出专家误导大众、弊大于利的种种原因。

他在书中提到了菲利普·泰洛克（Philip Tetlock）的研究。泰洛克是来自加利福尼亚大学哈斯商学院的一位心理学家。许多年来，泰洛克和团队成员采访了各种类型的专家，收集了关于未来的 27450 种预测和想法。紧接着，他们分析了这些匿名发表的判断，并得出结论：“事实很简单，也让人不安，专家预测的正确性还比不上随机猜测。”

加德纳强调，泰洛克的研究得出了一个更有趣的结论，那就是一些专家听闻自己的预测出错后，反应千差万别。

表现最差的就是那些无法接受不确定性的专家。他们过于自信，总是胸有成竹地发表错误的预测，常常固守某种世界观。在《未来乱语》中，加德纳把这些专家称为“刺猬”。

反过来则是那些不遵循固定思考方式的专家。他们坦然接受不确定性，承认自己的某些预测可能是错的。加德纳把这些专家称为“狐狸”，认为他们谦虚看待自己预测未来的能力，善于自我批评，也愿意对自己的预测表示疑惑。

他的这番“狐狸对刺猬”的讨论触及一个重要问题的核心，阅读本书到了这个位置你可能也在思考。我如何确定自己的预测有理有据呢？——同样地，你又该如何看待自己的预测呢？

获得正确（与错误）想法的方法

正如前文所述，我相信每个人都能学会预测未来。

然而我同样分享了丹·加德纳的观点，他有理有据地提醒我们要警惕盲目确信的危害，并对各种预测保持怀疑态度。如果打算培养推敲趋势的能力，你同时也必须接受自己偶尔会犯错。

过去七年里，我将自己做出的每一个预测都在网上公开发布，同时评估其正确与否。

我之所以公开分享自己的预测，部分原因是为了阐明加德纳的观点。我希望坦诚对待读者，就像我每年发布报告后坦诚对待自己那样。狐狸能够坦然接受不确定性，知道自己有时会犯错。

我知道自己有时会犯错，我保证你也是这样。

那么，如果我们最后可能都会犯错，为什么我还要写一本关于预测趋势的书，又把整个预测过程讲解一遍呢？

害怕失败并不是你不去充分发挥思维能力、探索宏大想法的借口，这是第一个原因。第二个原因是我写作本书的真正目的——学习预测趋势只是一部分，告诉你我得出的趋势也只是一部分。

学习预测未来还有一个更具价值的副作用：投入其中能让你更有好奇心，更善于观察，进一步理解周围的世界。

归根结底，学习发现和推敲趋势的最大收益，也许正是这种思维转变。

奥斯卡·王尔德（Oscar Wilde）曾写道，“能预测意料之外的事情，这就是真正的现代智慧”。这本书的内容就是通过观察别人忽视的事物，采用不同的思考方式，推敲各种想法，用崭新、独特的方式描绘加速发展的当下，进而培养这种现代智慧。

既然我已经分享了自己每年预测趋势的过程和技巧，接下来看一看我和团队通过研究发现的某些重大趋势，它们在以后的时间里将改变我们购物和销售的方式，也将改变我们的信仰。

Think Different

第四章 非显著趋势

趋势一　跨界颠覆（Outrageous Outsiders）

> **非显著之处何在？**
>
> 最具创意的想法有时来自行业跨界，这一趋势描绘了颠覆者的崛起，他们说话做事越来越倾向于所谓的“跨界”，引起大众注意，影响他人。

你可能认为，在墨尔本喝了一品脱啤酒的人，才会想着和好友在 11 月末举办一场“胡须”主题聚会。

对于亚当·加罗内（Adam Garone）而言——2003 年首次萌发的这个疯狂念头，带来的不仅仅是那年的一场成功聚会。

他承诺蓄起的胡子还引来了人们好奇的观望和有趣的评论。大众的关注十分明显，第二年 11 月到来时他思索着：“如何让这一切更有意义呢？”

这个问题指引着他寻找一项慈善事业，以“胡子月”（Movember）聚会的名义提供部分支持——“胡子月”就是他们给聚会起的名字。他自愿参与澳大利亚前列腺癌基金会，这也成了一年一度的传统。随着时间的流逝，传统不断发展，2007 年他将这一概念带到美国——结果迅速扩散。

2016 年的最新数据表明，我们现在所说的“胡子月基金会”已经募集超过 7 亿美元用于男性健康领域，资助超过 1000 个男性健康项目。十几年来，加罗内接受过大量采访，谈及这一成功，他对自己起初知识匮乏直言不讳。“我们对慈善一窍不通，这实际上帮了我们的忙”，他曾说道，“业内人几乎不可能跳出框架去思考”。

加罗内就是“跨界颠覆”的例证——这些人带来新想法，开始新行动，主要因为对某个领域持有纯粹的观点，我们也看到这样的颠覆者在各行各业崭露头角。

好奇的主流跨界者

过去几百年里，商业和科学界的一些重大飞跃正是跨界者带来的。

发表狭义相对论时，阿尔伯特·爱因斯坦是封闭的物理学术圈外的一个专利审查员。建立维珍航空的时候，理查德·布兰森（Richard Branson）还是航空业的外行。发明无袋真空吸尘器，改变了整个行业的时候，詹姆斯·戴森（James Dyson）也是清洁行业的门外汉。

现如今和以往不同的是这些跨界者如何进入主流视野。随着全球边缘政治的崛起，跨界者正以权威之声宣扬少数派观点。在创业世界里，很多情况下年轻相比经验能得到更多推崇和赞美。越来越多关于“Z 世代”——即将取代“千禧一代”，成为最年轻的劳动者和文化意见领袖——的研究表明，对离奇古怪的爱好对这一代人影响巨大。

欢迎来到“跨界颠覆”的新世界，在这里，与众不同、愿意跳出别人的路径去说话做事，可能是最强大的竞争优势。

几年前我写到一种趋势，说的是媒体逐渐走入某种“故意哗众取宠”。我的想法是，媒体极度追求骇人听闻的效果，以致一篇报道如果不够“惊人”，就不能“改变你的生活”，那么受到关注的可能性就微乎其微。

在如今的政坛、商界和创业界，类似的效应正在成型，那里也需要某种离谱的效果。有时候，这样的需求是好事，它使得真正的创新者和远见卓识的思想家可以得到关注，而不至于辛苦劳作、默默无闻。另外，它也催生了道德水准令人生疑的民选领导人、注定失败却能获得超高估值的“独角兽”[①]科技公司，也造成人们过度追求离谱效果，却对跨界者不理不睬。

为了说明这一点，让我们看看问题最多的那些“跨界颠覆”——他们在全球政坛崭露头角。

跨界政客

如果你碰巧在参加竞选，现在可是跨界者的好时机。

放眼世界各地，人们正出于对现有政治体系的失望，创造惊人的政治胜利、出色的文化宣言和意想不到的社会运动。

① “独角兽”是投资行业尤其是风险投资业的术语，指的是估值超过 10 亿美元的创业公司。——译者注

2016 年里最让人诧异的便是 2016 年“英国脱欧”公投，英国明确表示退出欧盟。

这一举措导致英国文化圈极度紧张（也引发了对英国金融市场的诸多猜疑），但它并非欧洲跨界者的唯一大动作。在欧洲大陆，此前边缘政治组织的崛起正成为新的媒体焦点，其新一轮成功正将欧洲推向极右。

在瑞士，右翼党派“瑞士人民党”在 2015 年全国选举中获得了近 1/3 的选票。奥地利右翼党派以“奥地利第一”为座右铭，在全国委员会的 183 席中占据 40 席。波兰右翼“法律与正义党”在 2015 年议会选举中获得 39% 的全国选票，获得执政权。

欧洲形势转变使得《新闻周刊》（*New Week*）开通了一档播客，还在英国牛津郡一年一度的荒岛音乐节上开办专题讨论会，题目为“跨界者政治会常驻欧洲吗？”仅在一个月前，《纽约时报》（*The NewYork Times*）的一篇相关文章以标题向人们发问：“欧洲在右翼道路上要走多远？”

这个问题牵涉到的可不仅仅是欧洲。

在菲律宾，冷酷的达沃市前市长罗德里戈·杜特尔特（Rodrigo Duterte）赢得总统选举，靠的主要是他作为跨界者决心重整国家政坛带来的名声。

他虽在公众场合多次失礼，包括侮辱教皇、对女人和强奸发表麻木评论，却依然在竞选中获胜，这让世界各地许多人看得津津有味。粗野的行事风格使得媒体多次将他与当时正在美国参与竞选的另一位“跨界颠覆者”相提并论：唐纳德·特朗普（Donald Trump）。

特朗普也许是政治跨界者的终极典范——他主动贬抑国内政客，包括同党派的许多人。特朗普以“成功商人”自居，竞选游说过程中宣称会在美西边界修一堵墙，并拿女人、少数族裔甚至曾被俘虏的越战老兵开玩笑。

虽然不符合“总统”一词的传统定义——但他最大的魅力似乎来自于无可非议的跨界者身份，他不属于那个统治联邦政府几十年的政治集团。

为了理解政坛跨界者为何广受欢迎，杰布·隆德（Jeb Lund）在《卫报》（*The Guardian*）提出了这番深刻的解释。它原本针对的是英国，但同样适用于其他国家的政客：

> 跨界者对治理国家的渴望，来源于对现有统治集团长久以来四处弥漫的不耐烦情绪。在过去，政客就是参加竞

选的人；如今政治活动已经将“政客”变成一个绰号，因此每个人都在参与竞选，但没有人是政客。只要将他们推入政坛，你希望他们是什么，他们就是什么。

当政治成了敌人，跨界颠覆者也会有成功的机会……无论他们是否具备有效治理国家的才智、品行和经验。各大品牌也可以将某些政客的思维方式应用到自己的媒体宣传和广告活动中。

儿童企业家

倘若仅仅研究政治，似乎“跨界颠覆者”这一趋势完全消极，它使得那些未必胜任岗位的人获得了权力，有时挥舞起大棒让人胆战心惊。好消息是——这一趋势远不止出现在政治领域，你会看到那些欣然接受跨界者的地方，最后都出现了全然不同的结果。

这一正面效果的最佳例证，是越来越多的儿童在商业和创业界接受咨询，获得鼓励和赞美。其中最突出的例子就是备受热捧的真人秀节目《鲨鱼坦克》[①]（*Shark Tank*）中一再出现的“儿童企业家”。学校和谷歌之类的大品牌赞助的越来越多创业比赛和项目也鼓励孩子们参加，亿万富翁沃伦·巴菲特最近赞助了一个比赛并担任评委。

说到开创商业新思维或者以新头脑思考旧问题，孩子们天生就能提供跨界者的视角——他们得出的方法往往很纯粹，不受经验和成人世界偏见的桎梏。这种视角越来越受到各个公司的重视，这些孩子虽然没有自己的公司，却能为现有的公司提供建议。

儿童顾问委员会

以塔吉特[②]（Target）为代表的零售商在重新制定童装销售策略时，积极寻求孩子们的意见。仅在几年前，塔吉特还是行业主导品牌，专注于以折扣价销售时髦的设计师作品，消费者曾以近似法语的发音称为“Tar-zhay”，但它曾一度失去竞争力。2013 年，由于轻率进军加拿大市场，黑客攻击造成近

---

① 《鲨鱼坦克》，又称《创智赢家》，是美国 ABC 电视台的真人秀节目，为发明创业者提供展示发明和获取主持嘉宾投资赞助的平台。——译者注

② 塔吉特目前是美国第二大百货零售品牌。——译者注

7000 万顾客信息泄露，塔吉特在假期销售旺季表现糟糕，走到了十几年来的业绩低谷。

第二年，塔吉特引入新任首席执行官布莱恩·康奈尔，希望重振业绩。他立马决定承担亏损，关闭加拿大营业部——不久又通过了公司内部几项大胆提议，其中包括将已经成功的 Cherokee 和 Circo 的品牌童装业务替换为新品牌 Cat&Jack。这是个大胆的决定，新品牌团队决定以意想不到的方式投入实践。

该团队没有简单地召开小组座谈会询问儿童喜好，或者到竞争对手的商店里购物寻找设计创意——他们决定深入探索。孩子们不仅被邀请参与品牌创造，还加入市场营销活动，有时还可以在网络和社交媒体上创作并管理广告。

最有趣的一个例子是，孩子们在过去往往是儿童产品开发流程的“跨界者”，让他们参与其中似乎非同寻常——但越来越多的公司正在采用这一方法，其中包括某一标杆品牌最近让孩子们参与研究和测试环节，最终造就了该品牌创立以来最具争议的产品。

为何男孩和女孩娱乐方式不一样

乐高公司开始研究男孩和女孩的娱乐方式时，得出的某些结论并不受大众欢迎。在这个喜欢谈论“流性人”[①]和如何平等对待男孩和女孩的世界，当你真正研究男孩和女孩的娱乐方式时，两者的偏好却如意料中的相去甚远。

例如，让男孩和女孩建造城堡的时候——大部分男孩匆忙搭好，然后就率领士兵、马匹和投石机展开战斗。女孩则更关注城堡的结构，对堡内的事物无动于衷。

被问及调查结果时，乐高发言人迈克尔·麦克纳利描述了意外的发现：

> 我们对全球4500个女孩和她们的妈妈展开了为期4年的调查，获得的某些结论着实意外，发人深省，作为一个品牌我们有些不安。（女孩）都会往城堡内部四处张望说，“嗯，里面什么都没有”。如果你想想为男孩设计的大部分乐高玩具，里面的东西可不少。但（女孩）会觉得，“里

① 流性人是指在不同时间经历性别认知改变的人。——译者注

面没什么可以玩”。

这些试验促使乐高开创了针对女孩的“好朋友”（Friends）产品线。不幸的是，这一举动几乎立刻遭到媒体评论界的批评——“为什么女孩需要特制的乐高玩具？”美国国家公共电台如此发问。如果不看顾客的真实反应，这个问题似乎合情合理。

乐高的“好朋友”系列产品大获成功。由于这一新产品线，分析人士估算乐高目前的女孩玩具销量相比十年前翻了很多倍，彼时女孩玩具在总销量中的比例徘徊在10%，令人失望（乐高没有公布确切的销售数据）。

乐高在孩子身上豪赌了一把，认为他们有能力像跨界者一样思考，带来意料之外的想法。随后，他们充分信任这一流程，采纳了跨界者的建议。

嘻哈音乐剧

在纽约百老汇，大部分音乐剧都是老套古板的经典作品——《猫》（Cats）、《歌剧魅影》（*The Phantom of the Opera*）、

《狮子王》(*The Lion King*)、《阿拉丁》(*Aladdin*)、《劲爆的彩绘管子》(*Blue Man Group*)等等。这些作品都已上演多年，观众十分熟悉。甚至新的表演也遵循同样的套路——宏大的戏剧场景，载歌载舞。

然后，《汉密尔顿》(*Hamilton*)出现了。

这部“嘻哈音乐剧”的灵感来源于一本关于美国开国元勋亚历山大·汉密尔顿的书，2015 年首次上演后创下各种纪录，票房超过 10 亿美元，成为百老汇历史上最成功的首演作品，创作人林－曼努尔·米兰达（Lin-Manuel Miranda）因此获得普利策奖和 11 项托尼奖。由于大受欢迎，该剧将在 2017~2018 年巡回演出，满足那些买不到票的观众。

这部作品全靠说唱，罕见地将嘻哈音乐引入主流音乐剧，米兰达也因此成为音乐剧世界的一股开创性力量。亚历山大·汉密尔顿是那个时代的跨界者，从加勒比海的圣克罗伊岛移民美国追求财富，和米兰达的经历十分相似，后者离开故国波多黎各，进入了那所专为天才学生设立的纽约学校。

上面两个例子中，跨界者的故事引发了受众共鸣。一个能力不足的门外汉走入陌生世界，将我们此前未曾注意的事物推向焦点，为他的国家或组织做出开创性贡献，这样的故事总会

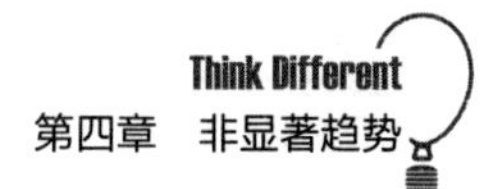

散发某种魅力。

有时候，跨界者也让我们有机会从截然不同的人身上获得灵感……只要我们稍微深入思考。

极度包容

如果你听过有人将残疾人称为“能力不同的人”，可能会认为这是过度追求政治正确。不管你是否喜欢这个词汇，它象征着社会越来越包容，以往的跨界者不仅逐渐被接受，有时甚至获得赞美：因为他们的不同，因为他们能带领我们进一步理解彼此。

维尼·哈洛（Winnie Harlow）就是一个有力的例证。

她参加过全美超模大赛，在德诗高和迪赛的品牌广告中担任主角，又染上了名为白癜风的皮肤病，身上出现白斑。她没有被疾病束缚，而是成为少女模范。2015 年，她在“多芬自尊峰会”上对观众说，“我真的不觉得自己很难看，我觉得我很漂亮……现在我已经学会听从内心的声音”。

自尊，接受自己的皮肤状况，这样的广告词也常被其他品牌使用。

护发品牌 Beauty&Pin-Ups 邀请前特奥会运动员凯蒂·米德

（Kaite Mead）担任代言人，而她患有唐氏综合征。

星巴克与马来西亚聋人口译协会合作，在孟沙区招募了10位聋人咖啡师，“推动赋权文化，为工作场所引入新观念，最终让星巴克成为更好的公司”。

名牌手提包公司Ethel+Frank启动了一场品牌营销活动，主推80多岁的模特，口号出人意料：“我们认为，年老也很时髦”。《芝麻街》[①]在过去一年里添了个新角色，名为朱莉亚，患有自闭症，负责为儿童和成人讲授如何与自闭症儿童打交道。

这些运动和创举都引入了跨界者，转变了传统观念，表明我们可以欣赏彼此的真实面貌——即使年龄、基因、体重或残疾将我们分隔开来。

为何重要

过去，跨界者总是意味着艰难的妥协：一面是荣誉，另一面是孤独。从定义上来说，跨界者就是超越常规，往往被正常

---

① 《芝麻街》是美国公共广播协会（PBS）制作播出的儿童教育电视节目。——译者注

社会环境所抛弃。如今，跨界者却因为自身不同而受到欢迎，越离谱越好。这有时会导致我们崇拜不值得关注的人——这种情况正在全球政治舞台清晰上演。这一趋势的乐观之处在于那些与众不同的观点受到前所未有的欢迎。儿童被尊称为创业家和顾问。嘻哈艺术家能凭艺术才华在百老汇赢得掌声。许多品牌也将视线转向有皮肤病或遗传病的模特，看重内在而非外在美。欢迎来到“跨界颠覆”的世界，在这里我们尊重甚至敬畏那些敢于以不同的眼光看待世界的人。我们越是赞美他们的不同之处，就越能够创造一种新文化：它不仅要我们容忍个体差异，还帮助我们发现差异的美妙之处。

如何利用该趋势

√ **考虑跨界者的视角**——跨界者迫使我们质疑固有的思想，因此我们容易不予理会。如果你时刻采取抗拒的态度，即使最响亮的声音也无法闯入你的双耳。反过来，可以试着阅读你不同意的媒体观点或者和想法不同的人对话。这样才能将跨界者思维真正带入公司内部。

√ **战略性颠覆**——虽然这一趋势存在明显缺点，但“战略性颠覆”能在必要时帮你为公司的绝妙创意赢得关注，也可以放大商务声明的效果。说到这一趋势，我们往往容易关注“跨界者”，但更重要也更普通的，也许更多的是品牌是否有能力表现得离谱。

√ **将跨界者请进来**——我们带领团队外出活动时，常常从其他行业邀请跨界者，为目前的工作增添新思维。从公司或行业外的人获得灵感，这一策略可以应用到许多情境中，激发新想法，推动创新。

中国相关性

跨界颠覆

全球汽车业正在被特斯拉改变，而改变这个拥有 100 多年历史行业的人，是汽车业的“跨界颠覆者”伊隆·马斯克。在跨界颠覆者各个角落都在蓬勃思变的中国，并不缺乏这样的案例，例如改变中国手机业的小米，其创始人雷军是卓越网出身；同样，今天手机业的佼佼者华为，背景是 B2B（企业对企业的商业模式）的通讯技术公司；而目前人们最为关注的，可能是乐视这家公司。以视频网站出身的乐视，先颠覆娱乐和视频内容产业，再颠覆电视制造业。今天，这个汽车业的标准“跨界颠覆者”，正在将赌注押在新能源汽车行业。对于汽车业界人士，乐视是那个“可怕的跨界颠覆者”吗？

在各行各业，以异业联盟的方式形成新的创新引擎，这也是中国商业界的焦点。例如多家新能源汽车企业已启动“众创”项目，吸纳非传统汽车设计师进行产品设计开发；还有海南航空与 BMW（宝马公司）也结成一项协作创新项目，用 BMW 豪华汽车座舱设计理念重塑海航公务舱设计。航空业的“跨界颠覆者”会为航空业的创新带来新的动力吗？

趋势二　网红崛起（Authentic Fameseekers）

非显著之处何在？

新一代创作者成了网红崛起——他们借助社交媒体建立品牌，吸引眼球，成为下一个热门人物。

十几年来，奥普拉·温福里（Oprah Winfrey）曾是世界上最具影响力的媒体名人之一。她的每日脱口秀拥有大批忠实观众,她建立的“帝国”蒸蒸日上。各大品牌花钱赢得她的注意,因为她的赞语如黄金般宝贵。消费者对她的建议毫不怀疑，但凡她推荐某种产品或服务，成千上万的人便会蜂拥而上。

这一做法屡试不爽,营销界甚至为此创造了一个术语:“奥普拉效应”。

奥普拉效应售出了上百万册书籍以及化妆品、日用品和食品，开启了众多创业者、作家和发明人的的职业生涯。营销人常言的“意见领袖”，奥普拉·温福里便是完美例证——这样的人能让人们根据自己的推荐去行动。

如今，意见领袖的定义已经不同往日。

现在，意见领袖的普遍定义是任何看上去拥有任何一种听众的人——无论听众是积极忠实的粉丝，还是三年前点过一次按键随后忘得一干二净的 YouTube 用户。

意见领袖的新定义包含了一个庞大的新群体：网红崛起。他们创造高度个性化的原创内容，找到新颖的方式在社交媒体上吸引眼球，提高影响力。

有时候，这些人是真材实料。但也有时候，人们会争论他们的技能是否称得上才华——例如地球上最受欢迎的 YouTube 频道创建人。

PewDiePie 大受热捧的奇妙之处

26 岁的瑞典游戏玩家菲利克斯·谢尔贝格（Felix Kjellberg）于 2010 年创建自己首个 YouTube 账户时，他决定采用组合词：游戏中激光发出的声音（Pew）和开火后玩家的下场（Die）。后来他忘了密码，无法登录，于是创建了另一个账户，在原来名字的最后加上一个三字母的单词："Pie"。

这个可笑的背景故事，恰到好处地介绍了备受热捧的 YouTube 频道"PewDiePie"极具争议的创建人的所思所想——该频道在 YouTube 排名第一，订阅者超过 4700 万（超过澳大利亚人口的两倍）。他常将略带脏话的游戏视频和政治不正确的笑话拼接在一起。《综艺》(*Variety*) 杂志编辑安德鲁·沃伦斯坦（Andrew Wallenstein）将他的风格形容为"放肆而愚蠢"，雅虎记者罗伯·沃克则形容为"刺耳而粗糙"。然而，在沃克看来，他的魅力可能来自"给人真诚的感觉，和观众说话就像和一群同龄朋友聊天"。

这位 YouTube 红人没有辜负这番描述，在新闻报道谢尔贝格赚了将近 740 万美元后，他在一篇自述文章中发布了一个诚恳而不失风度的视频，讲述自己对金钱的态度，为什么不觉得丢人，简单解释自己莫名其妙成了明星的经历："很多人把我当成朋友，每天可以一起玩耍15分钟。坐在电脑屏幕前的孤独感把我们拉到一起。但我从没打算成为行为模范，我只是想邀请他们来我家。"

记者罗斯·米勒（Ross Miller）在分析他的成功时写道，"无论你喜不喜欢，他的成功——正如其他许多YouTube名人——不仅在于玩游戏，还在于和观众直接对话，建立联系。没有经纪人，没有新闻发布会，也没有其他媒介。他就是打破了纪录。"

这就是真诚逐名的意见领袖的模范样本——他们每个人都能收获名气，靠的主要是心甘情愿以真诚面向公众，不追求完美，有人情味，尊重并融入观众。

虽然存在缺点，PewDiePie却清楚自己该如何建立粉丝团——他称为"兄弟军团"。他的模仿作用鼓舞着其他创作人自行追求同样的名声——常常也是在YouTube上。

YouTube创业者和投资人

2016年年中，据谷歌估算，每分钟上传到YouTube的视频超过 300 小时，每天全球视频播放量接近 50 亿次。

该网站 70% 的用户来自美国国外，有 10113 个视频的播放次数超过 10 亿。自 2007 年以来，这些视频已经为版权持有者带来了超过 10 亿美元的收入。

这个网站是发现年轻音乐才俊的著名平台，过去十年间不少最红的音乐明星，包括贾斯汀·比伯（Justin Beiber）、凯蒂·佩芮（Katy Perry）、艾德·希兰（Ed Sheeran）等都在这个网站上被首次发掘。他们的故事鼓舞了新一代胸怀抱负的音乐人利用网站上传自己的流行音乐转录作品,创建自己的频道，希望有朝一日被发掘出来。

这一希望不仅仅存在于音乐人。

大约 6 年前，在奥普拉离开自己经营多年的脱口秀的同时，一场名为“视频产业会议”的小型启动会议悄悄地将网上几百位多产的视频创作人聚在一起。沃伦斯坦——批评过 PewDiePie 的那位《综艺》杂志编辑——形容这些志气满满、大受欢迎的 YouTube 明星的首次集会是“下一代动漫大会”。

此后 6 年里，这个会议印证了预言。在刚刚过去的 6 月，第七届大会在加利福尼亚阿纳海姆举行，吸引了超过 400 位创作者和30000名参会人员。大会关注的话题主要是“人人都很重要——新粉丝生态”“如何向观众要钱”和“如何让频道变成品牌”等等。

该会议最重要的基本信念，就是任何人都能成为创作者，找到自己的粉丝，打造品牌，在YouTube上挣钱。这一理念得到了广泛传播，数以千计胸怀抱负的创作人努力自创频道，利用新的学习机会，和行业内已有的视频播客建立联系。

在2016年夏天，威斯康星州举办了几场高调集会，如“创作人集会”，马德里也举办了2bcamp，面向讲西班牙语的人。集会都由大受欢迎的视频播客主持，目的是教会孩子如何启动自己的YouTube频道，吸引观众，成为网络名人。

对名声的追逐不仅是在YouTube，它已经蔓延到一些火热的新社交媒体平台。

所有这些意见领袖纷纷涌向YouTube，各大品牌也都看在眼里。过去两年中，宝洁的汰渍洗衣粉已经和YouTube的人气明星合作，制作了一系列的视频：各种各样的衣服以奇特的方式弄脏，明星们使用汰渍洗衣粉后，衣服变得干干净净。

其他品牌，如可口可乐、三星、欧莱雅等都在进行类似的努力，赞助崛起的 YouTube 明星。Grapevine.com 等平台甚至建立了一个市场，一面让各大品牌能与“世界顶尖创作人”取得联系，一面帮助意见领袖获得投资。

YouTube 之外

前电影制作人阿曼达·米卡勒夫（Amanda Micallef）创办自己的在线网络平台 ArsenicTV 时，她和共同创始人兼前创新艺人经纪公司经纪人比利·霍金斯（Billy Hawkins）的眼光完全放在 Snapchat[①]。“平台”上的模特在拍摄期间轮流掌控 ArsenicTV 的账户——可以编辑，也可以直接将照片发布到账号中。

米卡勒夫的理由很简单：“当你看着一个女孩的照片，她自我感觉精力充沛、美丽迷人时，那种感觉十分微妙——她做了称心的发型，穿着称心的服装，连站姿也是自己喜欢的——这和另一个人对她说‘站在那里，把脸颊像那样转过去’，然后摆出别人眼里的性感姿势，大不一样。”

① Snapchat 是由斯坦福大学两位学生开发的一款“阅后即焚”的照片分享应用。——译者注

这个想法冒险、独特，成效显著。每天都有 1000 多个雄心勃勃的模特在 ArsenicTV 提交作品，每个人都同意免费发布照片，仅仅是因为在这里露脸就能将数以万计的新粉丝导入自己的社交媒体平台。与此同时，该频道的每张照片和每段视频都获得了 50 多万人的点击，此前还拒绝了花花公子的收购提案。

在目前涌现出的吸引新型意见领袖和创作人的平台中，ArsenicTV 只是其中之一——但还有其他许多平台，例如为资讯型广告和电子游戏服务的平台。

- Twitch 是最大的游戏直播网络之一，热心观众会心怀崇拜地欣赏玩家的游戏直播。该网站此前被谷歌收购。2014 年，YouTube 的每场直播平均都有 60000~70000 人同时观看。
- Smosh Games 是另一个游戏玩家平台，订阅人数接近 700 万，在 YouTube 频道中排在第四位，视频播放次数超过 20 亿。
- Mik Mak 是 Instagram（一款移动应用，用户可以随时抓拍图片进行分享）上的一个手机视频购物网络平台，喜剧演员和其他娱乐圈人士会为各大品牌录制 30 秒的资讯广告，销售各种各样的产品，从护眼霜到辣椒酱。

- Wattpad 平台鼓励名人粉丝和系列节目爱好者创作同人小说。目前共有超过 200 万人创作上传了 2.5 亿多个原创故事。
- Operator.com 是一个帮你发掘并购买商品的咨询社群，让你可以接触到从时尚到电子产品等各个领域的专家，获得私人购物建议。
- Facebook 投入巨资发展自家的直播平台，供每一个人（包括意见领袖）实时分享视频。

这每一个网站都为网红崛起提供建立个人品牌、获得投资或广告收入的机会。有时，这些新一代的逐名者会公然向各大品牌献殷勤。品牌有时也会追在他们后面，要做的只是跟随他们从消费者那里赢得的眼光和注意。

为何重要

我们常会听到对金·卡戴珊（Kim Kardashian）（以及她整个家族）的批评，说她们仅仅因为出名而出名。归根结底，她们拥有什么才华？但是简单地将金·卡戴珊和姐妹们视为投机者，靠着美貌心甘情愿在各种便服舞台上摆弄姿势供人拍照，大发横财，那你就会漏掉重点了。

卡戴珊家族未得到重视的“才华”，就在于她们擅长分享私密的生活细节：十分真实，令人着迷。即使你想把视线移开，还是会忍不住往她们身上瞥去。她们是网红崛起，她们的事例为新一代创作人塑造了名声新典范：后者正准备将视频上传到 Instagram 和在线游戏平台，打造下一个名副其实的 YouTube 热门频道。

最重要的技能，似乎就是乐意将个性与真诚以极致的方式直接推向粉丝……接着采用正确的商业模式和策略利用这一趋势。

如何利用该趋势

√ **拥抱新兴的意见领袖**——许多公司在考虑选择意见领袖时，容易关注数字，被数字所引导。每天都有新的意见领袖创建自己的平台，但追随者的数量并不总能实现“病毒式增长”。与其追逐播放量和曝光次数，不如考虑那些培养了人数不多的忠实观众的意见领袖，在他们发展壮大之前开展合作。

√ **跳出平台去思考**——在那些吸引了观众群的人身上，你会注意到很有意思的一点：他们倾向于在多个频道上活动。Instagram 的一个明星同样会出现在 Snapchat，YouTube 明星也会使用推特。关键在于，用相同的眼光看待多个平台的机会，而不是在不同平台运用不同思路，这种做法是有价值的。

√ **做“真诚”的审查人**——真诚逐名者的巨大影响力，来源于创作的有趣内容和对真诚的默默坚守。这种真诚正是各个公司需要发现利用的。表面上看也许很难，但我 2008 年在第一本书《匿名的香蕉为什么不热销》中首次阐释这个主题时说道，关键第一步就是利用正确的流程对个性和真诚进行“审查”。这个方法能让你精确找出可能失去观众信赖之处，并通过改变沟通方式、更换合作的意见领袖，以重获信赖。

中国相关性

网红崛起

在中国，个人主动希望把自己塑造成为明星的实在是太多了。过去在微博、微信、豆瓣、知乎上，这些例子已经是不胜枚举了。一个普通人，通过在这些社会化媒体上发布内容，塑造个人影响力，吸引大众的眼球，引起大家的评论和转发，成为红人。这一两年，视频直播开始火了，一些视频直播的网站，包括 YY、一直播、映客，都成为任何人自我捧红的据点。很多人把自己打造成为“网红”，通过手机直播自己的动态、生活，吸引大批观众，甚至为品牌和产品做推广，以及在直播中植入品牌内容，从而可以成为一个有影响力点媒体。这些自媒体不再通过文字内容，而是通过有声音有影像的活内容，随时随地跟消费者互动，影响消费。

由于直播的门槛非常低，每一个人都可以随时做直播，很多创业者和淘宝店都以此做推广。比如说，一个我认识的朋友，就每几天为自己的护肤品品牌做产品介绍，甚至自己就是模特，热情洋溢地去推广自己的产品，通过这样的形式，不费吹灰之力就可以把产品销售出去，投入产出比比任何的营销形式都高。所以说，真实网红这个趋势，在中国早就落地生根了，而且势不可当。

趋势三　强势女性（Fierce Femininity）

非显著之处何在?

随着我们对性别的定义变得灵活多样，越来越多独立自强的女性被歌颂为英雄、推举为模范，改变着现代社会的女性角色。

有一段讽刺的历史没有得到人们的重视：现代美国女性能获得如今的独立自主，也许要感谢英国人。

20 世纪初期，美国妇女参政权论者艾丽斯·保尔（Alice Paul）到访英国，会见艾米琳·潘克斯特（Emmeline Pankhurst），后者主张使用更为“激进”的手段争取女性投票权，包括利用起哄、砸窗、掷石和纵火来唤醒公众意识。

回到美国，保尔表示“激进手段正取得成功……英国妇女正讨论自己何时投票，而不是她们的孩子何时投票”。

1914 年，保尔创建了自己的参政权组织——全国妇女党（NWP），并将这些策略付诸于实践。

此后几年间，她因激进策略被捕入狱，在牢里继续组织绝食抗议，被强行喂食后单独关押，最终获得了民众足够的同情，伍德罗·威尔逊（Woodrow Wilson）总统下令将她释放。

她终生为女权发声，事迹广为传诵，最终帮助妇女于1920年获得投票权。100年前的保尔告诉世界，轻柔的争辩有时必须让位于强硬的诉求和出乎意料的暴力举措。

将近100年后的今天，新一轮的强势女性正在成形，女人们变得更强大、更独立，以各种方式在全球各地攫取权力、吸引眼球，这在十几年前都似乎是天方夜谭。

三年前我强调了一个趋势：女性驱动，旨在刻画女性领导者在商业世界里日渐上升的地位和影响力。如今，这一趋势已经取得长足进展，出现了新的焦点——女人开始崭露头角，成为现代童话故事里力挽狂澜（并拯救男人）的英雄，在商界政坛的领导地位持续攀升。

总而言之，她们正在重新勾勒现代社会的女性角色——其力量和强势让人惊讶。

女英雄的故事

大概在我开始写作2014年度趋势报告时，一部增强现实数字连环漫画《普里亚的守护神》（*Priya's Shakti*）出现在孟买的漫画电影大会上。它的故事情节出乎意料，经过病毒式的传播后迅速获得成功，尽管其背景故事触碰了禁忌：名为普里亚的乡村女孩是轮奸案的幸存者，她肩负使命，制止暴力侵害女性的行为。这部漫画小说被下载超过 50 万次，全球媒体进行了 400 多次报道，也为印度的年轻人带来了急需的性暴力觉醒。普里亚是个灵活机智、大胆强势的女英雄模范，但从过去几年的漫画作品中涌现的许多类似的女英雄中，她仅是其中之一。

拉·波林切娜（La Brinquena）是波多黎各的一个超级英雄，和家人一起返回父母故乡的途中，发现自己拥有超能力。

经久不衰的影坛角色“惊奇女士”的现任化身是一个 16 岁的高中生，名为卡玛拉·克汗（Kamala Khan），是来自新泽西的美籍穆斯林。

漫威宣布，新任“钢铁侠”真身将是 15 岁的非裔美国人瑞瑞·威廉姆斯（Riri Williams），她是麻省理工学院的少年生，一位科学天才。

漫画作品向坚强的女性动作英雄的持续转变折射出好莱坞的一个趋势。多部轰动一时的反乌托邦青少年系列读物，如《饥饿游戏》和《分歧者》，主角都是坚强的女性。

新的《星球大战》电影塑造了一个坚强的女主角，尼克国际儿童频道的一档节目《贝拉和斗牛犬们》则讲述了一个中学故事，其中贝拉是橄榄球队的四分卫。

吉尔·索罗薇（Jill Soloway）是艾美奖获得者，也是设计精美的在线视频网站 Wifey.tv 的共同创始人，她在最近一次采访中说道，“每次拍摄以女性为主角的节目或电影时，我们都在改变女性对于成为主角的感受”。

像女孩一样行动

宝洁旗下品牌 Always[①] 举办了戛纳国际创意节，主题标签是“像女孩一样”，力图将该短语从一句侮辱转变为活力四射的想法。创意节主推的一系列视频中，女孩们接受挑战，“像女孩一样”去跑步、去投球、去搏斗，强力推动着消费者重新思考：像女孩一样去做事，到底意味着什么。

一些世界品牌巨头的广告策略也在进行这一转变。例如，

① 护舒宝在国外的别称。

安德玛有一则风靡世界的广告，主角是非裔美国人、芭蕾舞蹈家米斯蒂·科普兰（Mistry Coperland），她的强化训练视频获得 1000 多万次的在线播放。

耐克在美国投放的广告中，某些就以女子足球队为主角。耐克印度公司新近发布了一段两分多钟的广告，赞美了女性对运动的狂热。

主推强势女性的广告策略也被化妆品牌“魅可”（M·A·C）所采用，其平面广告聘请了塞尔维亚裔美国人耶莱娜·阿布，这位争强好胜的健美运动员兼健身模特穿着女式晚礼服，伸展着强壮的手臂。

布罗尼牌纸巾长期以来都以阳刚男性形象作为标签——穿着格子衬衫的伐木工人，但在2016年3月却庆祝了妇女历史月，发起“力量不分性别”的运动——以四位知名女性为主题，她们身着格子衬衫，俨然精力旺盛的伐木工人。

随着广告业引入培养高端女性人才（她们在业内逐渐被优先考虑），市场营销和广告越发突出强大女性的趋势，很可能继续发展。

“老处女”的力量

考虑到日渐成长的一代女性，她们拒绝传统的结婚生子，选择独立生活，这个趋势有着人口学和文化方面的趣味。仅在过去两年内就有几本畅销书关注这一转变：

- 《所有的单身女士：单身女性与独立国家的崛起》（*All the Single Ladies: Unmarried Women and the Rise of an Independent Nation,* 2016），作者丽贝卡·特拉伊斯特尔（Rebeca Traister），《纽约》（*New York*）杂志自由撰稿人，《艾丽》（*Elle*）杂志特约编辑。
- 《老处女：自力更生》（*Spinster: Making a life of One's Own,* 2015），作者凯特·波丽可，《大西洋月刊》（*The Atlantic*）特约编辑。
- 《别的路：现代女性寻找新幸福》（*Otherhood: Modern Women Finding a New Kind of Happiness, 2015*），作者梅拉妮·诺特金（Melanie Notkin），创业者、企业家。

当作家凯特·波丽可被问及为何刻意使用“老处女”这样

的刻薄词汇来描绘单身女性时，她说这个词本身“清楚表达出我们对单身女性的困惑和矛盾心态”。

记者丽贝卡·特拉伊斯特尔基于七年多的研究写成的《所有的单身女士》备受赞誉，从另一个角度探讨女性问题。特拉伊斯特尔的灵感，来源于越来越多的女人纷纷走出婚姻制度，开启成年生活，人口增长速度惊人，有史以来还是首次。仅在过去的一代人时间里，女性首次结婚的年龄中位数便从 22 岁上升到 27 岁——短期内发生了巨变。

特拉伊斯特尔并没有将这一现象定位为对婚姻的控诉，而是做出总结：这些年美国女性形成一种新思维，即是否结婚是可以选择的。根据特拉伊斯特尔和波丽可的说法，新一代的女性完全有能力自己做决定，因为她们思想独立，生活自立，更少依赖男性伴侣的收入和安全感。

这些人就是新一代的“老处女”，其中包括媒体圈和商界中的一些最具影响力的女性——从奥普拉·温弗莉到企业家兼前模特泰拉·班克斯。她们每个人都走上了梅拉妮·诺特金所谓的“别的路”，或者是自己选择，或者是“间接不孕”[①]，她

① 间接不孕指因没有合适的伴侣而选择不生育。——译者注

们都没有成为母亲——却仍然在日常生活、追求自我的过程中收获了乐趣和满足。

音乐界的女性力量

对于美国唱片艺人碧昂丝来说，歌唱女性力量定然不是什么新主题。2008 年首发单曲《单身女士（戴上戒指）》在过去十几年里一直被当作女性的赞歌，歌颂她们与电影和电视行业的（主要是）男性争夺岗位。2011 年，她发布新单曲《掌控世界（女孩）》，备受评论家欢迎，被认为是对女性权力更为直接坚定的表达。

2016 年，她出乎意料发布新专辑《柠檬饮料》——将音乐界推入反思的泥沼。这张专辑便是“强势女性”的例证，其中韵味只有“碧女王”（粉丝对她的称呼）才能抒发。

在这张专辑和附带视频中，碧昂丝讲述了丈夫背叛自己，经历一系列情绪（跟随直觉、背弃、愤怒、冷漠、空虚、负责、革新、原谅、复原、希望、救赎），最终渡过感情难关。该专辑情感真挚，天然纯净，充满力量——但它并非“强势女性”这一趋势在音乐方面的唯一表现。

创建分享“女权”歌曲播放列表的行为十分普遍——包括*Can't Hold Us Down*［Christina Aguilera（克里斯蒂娜·阿奎莱拉）］、*Bad Girls*（M.I.A.）、*Brave*［Sara Bareilles（莎拉·巴莱勒斯）、*Fight Song*［Rachel Platten（瑞秋·普拉滕）］以及其他许多歌曲。

除了流行音乐，女性强势的另一位典型人物是温哥华艺术家贾斯林·波娃（Jasleen Powar），她将过去当朗诵诗人的背景和率真风格融合，包括将20世纪90年代的热门歌曲融入新曲，并常常纳入南亚锡克教文化。她的最新迷你专辑*Bollywoes*中的单曲*Queen*开头便发问“缺了王后，国王又有何用？”

这个问题，恰恰生动展现了这一趋势。

寄希望于女孩身上

拉菲亚·古巴什（Rafia Ghubash）教授希望修正中东地区的人们对女性的误解。

作为迪拜妇女博物馆的创建者，她频繁出席全球大会，接受媒体采访，乐观讲述女人在迪拜以及中东其他地区所扮演的角色。“媒体没有宣传女性的成就，”她在最近的一次采访中说道，“来迪拜和阿拉伯联合酋长国看看，十分明显，女人同样有机会，和男人平起平坐。”

该地区支持这一观点的人中，最引人注目的也许就是备受欢迎的约旦王后拉尼娅——她长期以来支持女权。作为国际名人，她坚持不懈地利用技术手段驱散西方对中东的谣言。她的YouTube（世界上最大的视频网站）频道上的视频被观看超过1400万次，在推特（Twitter）也有超过500万的粉丝。

被《魅力》（*Glamour*）评为年度女性后，她对杂志说道，“看看任何一个被贫穷、疾病和暴力困扰的国家，解药就是女孩。女孩是许多社会弊病的抗体”。此后，这一思想便被运用到许多环球运动中，包括纪录片《女孩崛起》（*Girl Rising*）引发的一场大众草根运动。

《女孩崛起》于2014年首映，导演是曾获奥斯卡提名的理查德·E.罗宾斯（Richard E.Robbins），该影片讲述了全球九个普通女孩遭遇艰巨挑战、追逐梦想的故事。影片发布后激起关于女孩教育重要性的全球大讨论，并推动影片公开放映、促进推行全面教学方案，还催生全球各地定制延长版的影片，并引发世界各地的群体集会。

最重要的是，与迪拜女性博物馆这样的实体存在和名人拉尼娅王后一起，这部电影象征着世界各地的妇女和女孩的希望与变革。她们将以前所未有的自由强大的视角来审视自我。

为何重要

多年来，人们总认为理想的女人是“全能”的，既是妻子，也是母亲，还是老板，需要在工作、生活及其他事情上实现完美平衡。尤其是在家庭事务方面，杂耍演员一般的女人总能得到赞美，于是创造了一个无法企及的理想典范。

如今，这一假想正在破裂，取而代之的是更为强大、更人性化、面孔更清晰的女性形象。女人也可以强势、有力、笃定。许多界限正变得模糊，立于其间的是新一代女性，她们有能力创造自己想要的生活。

这就意味着，更多的女性选择长期单身，世界上也会有更多的女人获得教育、开创公司，同时有更多的投资者支持女性——也许最重要的是，世界各地会有更多的女孩看到这些非凡的例子，备受鼓舞，畅想自己的未来。

如何利用该趋势

√ **培养女性导师**——玛氏巧克力公司北美董事长特蕾西·梅西（Tracey Massey）将时间尽可能地用于指导他人，并常常谈到此举的意义。年长女性领袖指导年轻人，对于新一代建立信心、取得成功、获得更多机会实为必要。倘若你恰好是女性领袖，可以考虑多花些时间指导他人。

√ **像女性一样思考**——不仅在观念上将男女平等看待，还有一系列的书籍，如《雅典娜教义》（*The Athena Doctrine*）、《向前一步》（*Lean In*），以及最新的《女权搏击俱乐部》（*Feminist Fight Club*），都深刻阐释了如何运用独特的女性本色平衡生活和工作，获得职场成功。最有趣的是，即使是对于男性读者而言，这些书也富于洞见，大有裨益。

中国相关性

强势女性

六十年前，中国就有了“妇女能顶半边天”的口号。今天在社会生活的很多方面，女性已不再只是与男性平等的“半边天”，她们往往成为时代的某种符号和楷模，甚至会出现霸气侧露的“女王”和“女神”。演艺明星范冰冰就是最好的例子——这位影视界身价最高的女明星，同时独占杂志封面和第一广告代言女明星的位置已逾十年。她的个性十分率性，对于影视女明星嫁入豪门这一现象曾经放出豪言：“我不会嫁入豪门，我就是豪门！”凶猛的气势可以说是挡都挡不住。

今天中国最受关注的公众人物中，总不会少几位才干胆色俱佳的女性——从范冰冰到李宇春，从papi酱（本名姜逸磊）到董明珠。女神们的社会影响力自然会为品牌营销所用，威汉在营销实战中，就促成过加州旅游局与高圆圆，路虎发现与赵薇的合作。利用她们的社会影响力打造的品牌传播内容和互动，创造了出色的营销实绩。

趋势四　设计驱动（Heroic Design）

非显著之处何在？

在引入新产品、新想法和新灵感的过程中，设计起着主导作用，它以微妙、大胆、傲慢，有时是出乎意料的英雄般的方式改变着世界。

历史上规模最大的海洋清理活动开始于 2016 年——这要归功于 21 岁的荷兰创业者博易安·斯拉特（Boyan Slat）提出的疯狂想法。斯拉特雄心勃勃开启的“海洋清理”项目最初只是个空洞的概念，他设计出漂浮屏障，利用洋流收集塑料垃圾（有别于利用船只撒网的现行方式），但在短短三年内，这一项目就几乎成为现实。

在亚洲最大的技术会议“首尔数字论坛”上，斯拉特宣布第一批漂浮屏障将于 2016 年被部署在日本与韩国之间的对马岛海岸，成为世界历史上最长的漂浮装置。

这个项目改变了世界，对未来非常乐观，也完美体现了设计在我们文化中扮演的新角色，它将解决我们的棘手难题。设计一度被认为仅仅是项目和活动开展过程中的一个步骤。设计师是充满创意的专业人士，需要正确管理和艺术引导才能获得有用成果。

如今，人们对设计的看法发生了改变。由于苹果、宜家等设计主导型公司获得了成功，人们长久以来都将设计看作创造竞争优势的手段。与以往不同的是，如今人们对设计的看法将持续演变，设计将不再仅仅是区分不同企业的标志。2014年我首次写到这一演变时，发现许多例子都表明设计本身正在改变世界。两年来，“设计驱动”这一概念得到了显著的延伸。

2016年，我们将看到类似“海洋清理”的更多行动，设计将从根本上改变我们处理世界难题的方式。即便是地方性的小问题，设计也可能是最有效的处理手段，可以增强说服政府、官员、各行业人员和保守派接受新想法的可行性。

社交媒体让人们更加关注贫困人口，各种问题进一步走入公众视野，全球设计师将继续应用新想法寻求解决方案。在此过程中，设计依然会在引入新产品、新想法和开启新运动的过程中发挥主导作用，影响整个世界。

处处有设计

2014 年，挪威中央银行举办了一场未来货币设计比赛，相关作品引发全球关注。最后，平面设计工作室“公制”（The Metric System）和斯诺赫塔建筑事务所（Snohetta Design）的作品同时获奖（分别是正面和背面设计）。大多数报道都做出预测，最终设计在 2017 年发布时将成为世界上最好看的货币。

如今，各个领域的设计比赛达数百种，从设计更漂亮的货币，到寻求“技术驱动的、应对老龄化的创新设计方案”（TechSAge 设计比赛）。随着越来越多的设计比赛寻求新的解决方案和创造性思维，设计本身也能赢得声望，在商业世界得到进一步重视。

强生、3M 和百事等品牌如今都设有首席设计官，负责监管设计在日常工作中发挥的作用。飞利浦、百事可乐和现代都已经在董事会增加了首席设计官的职位。

在高等教育领域，斯坦福大学设计学院、弗吉尼亚大学达顿商学院和多伦多大学罗特曼管理学院都设有相应的课程，教授学生如何以设计思维应对各种挑战，如何与其他学科有效合作，将设计流程和方法论应用到目前解决问题的过程中。

咨询和技术领域的领先品牌，如威普罗、谷歌、奥多比和埃森哲，在过去几年里都大规模收购设计公司，向日常服务中注入更多的设计思维。

从教育到设计比赛，设计作为一门学科为我们构思任何问题的解决方案提供了一种新方法，带来了深刻变革。渐渐地，设计成为各种工作中最重要的能力之一，让我们获得想要的效果，找到切实可行的解决方案——即使在技术上可能无法实现。

未来设想

公共交通几乎是任何城市面临的最大变革。得克萨斯州的奥斯汀是美国发展最快的城市之一。为了给家乡城市重新构思可行的交通方案，互动广告公司“青蛙设计”（Frog Design）的设计师团队开创了一个基于高空悬挂缆车的解决方案。除了设计这一别出心裁的方案，他们还创造了一个完整的系统，细致到区域地图和智能卡。他们将项目介绍给了当地政府官员，也带到全球各种城市规划设计活动中。

另一家设计公司“提格”（Teague）针对“未来航空”创造了一个新模式，并在2015年的几场活动中介绍给航空业的多位高管。新模式提出了独特的想法，例如取消随身行李（除了私人物品，所有行李都使用射频识别标签进行检查），在某些座位上打广告（这样一来中间的座位就可以打折，由赞助商补贴），让旅客轻松更换座位，甚至还能在出行计划更改时通过统一的市场甩卖机票。这一设想足以给人们带来希望：有朝一日，航空带给我们的体验将是愉悦而非焦虑。

总的来说，这些设计驱动的未来设想给我们带来的不仅是对现状的不满，它们还推动全行业放大思考格局，畅想未来的各种可能，这本身也是一种意外式效应。

为何重要

在商业世界里，设计的重要性在过去几年持续攀升。但设计之所以具有英雄气魄，却在于人们通过伟大的设计构想出关于世界难题的解决方案，这方面的例子不计其数。过去我们认为设计就是肤浅的表面工作，就是美化工具，如今的含义却大大深化。设计本身就是解决方案，我们对设计的看法也是这样。

因此，“设计驱动”将继续推动更多的组织将设计思维植入基层业务中——设计师以及那些有着设计思维的工程师、科学家和研究人员将把这一新设想变为现实。

谁该利用该趋势

那些致力于将创新产品和服务引入市场的政府、非营利组织和各种机构都会受到这一趋势的影响。设计思维是这一趋势中最具影响力的因素之一，任何专注于提升知名度、创造影响力的公司都可以利用。

如何利用该趋势

√ **采用以设计为中心的思维方式**——在艾迪欧公司[①]领导人蒂姆·布朗的作品《设计改变一切》中，他提倡每天花点时间深入观察日常生活。这是个简单的建议，但也说明了设计思维的潜在力量。越是能推动自己和

① 艾迪欧（IDEO）公司是全球顶尖的设计咨询公司。——译者注

组织采用这种思维方式，发现日常生活中的机会，找到业务的低效之处，就越能引发内部创新。

√ **将设计应用到伟大的构想中**——当青蛙设计公司面对困难挑战，重新构思公共交通时，他们将设计方案落到纸上加以阐明。当组织内部有了伟大的构想，但你不知如何向他人传达时，设计也许就是最有效的方法。原本只是让某个核心小组的一小撮人为之兴奋的东西，通过设计可以为世界带来真正的影响，因为其他人可以理解它、分享它。

中国相关性

设计驱动

香港设计中心是非营利机构，致力协助本地设计师和企业充分发挥潜能，推动设计以促进香港的持续竞争力、经济繁荣和社会安康。中心致力与政府部门和其他工商业及教育文化机构合作，积极推动各行各业在商业营运中注入优秀的设计元素，并鼓励公众重视设计在提升生活质素和促进经济发展上所扮演的重要角色。所以，他们的使命，就是“设计让生活更美好，设计为商业创造机遇”。其中一个代表作，就是为超过170年历史的香港邮局，进行新的室内设计。这个项目的目的是重塑香港港口空间和重组标识系统。

通过捕捉波浪状的边缘出现在大多数与邮政相关的图标上，比如邮票和邮政印章，我们无缝集成所有这些曲线来给它们一个新的意义。同时，随着新的标识系统，客户可以直观地从图标获得描述信息。

趋势五　价值营销（Branded Utility）

非显著之处趋势何在？

众多品牌开展内容营销，进一步整合销售与运营，在扩大宣传的同时以实实在在的方式提升顾客生活品质。

如果说有一个品牌可以从你的每一次提问中获利，那肯定就是谷歌了。2015年9月，谷歌发布了一篇关于“微时刻”（Micro-moments）的博客——提出消费者通过谷歌查找信息的四个常见时刻。按照谷歌的说法，任何品牌想要获得成功营销，关键在于寻找途径，在这四个时刻提供有用的相关信息。

谷歌用几个类似的短语描述了这四个时刻：我想走、我想做、我想知道、我想购买。四个短语刻画了顾客的不同需求，但如何满足这些需求，谷歌给出的建议可被归纳为一个基本准则——有效。

过去几年的内容营销中，许多品牌逐渐关注通过有用的内容为顾客提供价值。为了描述这一趋势，我在《非显著趋势报告（2014）》中首次使用“价值营销”这一词语。那一年，市场营销领域一系列知名畅销书作家，如杰伊·贝尔（Jay Baer，著有 *Youtility*）、米奇·乔尔（Mitch Joel，著有 *Ctrl Alt Delete*）、安·汉德利（Ann Handley，著有 *Everybody Writes*），都深入探讨了如何创造内容，为顾客持续提供价值和效用。

此后两年里，“打造价值营销”这一目标的重要性迅速攀升，因为获得自主权的消费者日益精明，过滤传统干扰性广告的技术也不断进步，拥有了更强的预测能力。

最初描述这一趋势时，我谈到了 Charmin（一个卫生纸品牌）和荷兰皇家航空等利用巧妙手段开展短暂的促销活动，为顾客提供即时价值，换取转瞬即逝的品牌参与感。随着时间流逝，品牌的目光已经从追求短期效果的营销活动逐渐往深层转移。

从消费类电子产品到金融服务等各行各业，打造“品牌渠道”，延长内容传递时效，将焦点从广告赞助转移到内容整合，这样的概念正在改变“价值营销”对于未来市场营销的意义。

品牌杂志

英特尔在过去十年里重新思考了内容在整体营销策略中的作用。这个品牌多年来一直是社交媒体引领者，敦促员工开办高点击量的内部和公共博客，多次投资开展大型内容活动。例如网络杂志《英特尔智商》（*iQ by Intel*）就是技术文化的集中地，其使命是“带你深入了解人们的生活，了解他们用以改变世界的技术”。该杂志拥有自己的内容创作团队，专注打造高质量作品，持续更新文章，内容覆盖时尚、体育、游戏、生活等多个领域。

说到为专业受众打造有价值的商业内容，另一个备受瞩目的例子已经成为领域标杆，那就是美国运通公司运营已久的网络杂志《开放论坛》，该杂志致力于为企业家和小型企业主提供建议。虽然英特尔和美国运通多年的努力集中在网络空间，但也有几个品牌通过纸版杂志进行内容生产，提升顾客参与度。

其中历史最久远的一个例子就是《犁沟》(*The Furrow*)——这是约翰迪尔公司出版的一本杂志，已有120年的历史，专注于农业生产。大多数航空公司也出版品牌月度杂志，包括放在椅背袋子里的主流出版物，有些还走上高端路线，例如联合航空为头等舱打造的《狂想曲》(*Rhapsody*)杂志。

甚至那些应共享经济而生、倡导移动先行的品牌也将杂志用于战略目的。空中食宿集团打造了一本100页左右的华丽杂志，名为《菠萝》(*Pineapple*)，面向旗下的店主和住客。优步（Uber）为司机打造的15页纸版杂志《冲力》(*Momentum*)（更像是时事通信）则很不专业，缺乏优质内容，主打促销活动，一时间网上的嘲笑揶揄迅速扩散开来。

嘲笑也好，欣赏也罢，许多品牌进一步投入长效内容营销，例如发行品牌杂志，这和关注社交媒体短期曝光、想方设法吸引眼球的策略形成鲜明对比。

“软件收购”狂潮

如果你是健身、金融或工作效率领域的软件开发者，2015年也许是个好年头。

安德玛于2015年斥资1.5亿美元收购MapMyFitness软件后，又于2015年花费5.6亿美元收购MyFitnessPal和Endomondo软件。无独有偶，阿迪达斯花费将近2.4亿美元收购奥地利健身软件Runtastic。这场收购狂潮的背后，人们猜测运动服装厂商的目的是为品牌服装和鞋类增加实用功能，因为顾客的期望正迅速越过时尚合身,更多地关注性能和集成技术。

在金融服务领域，2015年也出现了类似的连环“软件收购”，许多历史悠久的银行和信用卡品牌都计划增加自身软件的基本功能，在余额查询和支票扫描等必要功能的基础上，添加更直观的面板工具，提供理财建议。

例如，2015年年初，第一资本集团收购了创业公司Level Money，将其纳入智能消费和金融工具。2015年，金融服务业里各种争论层出不穷，人们讨论着“机器人顾问”的崛起，讨论基于算法和金融趋势进行客观评估得出的自动化理财建议，它们可能夺去传统（人工）理财顾问的饭碗。

软件也常被用于提升工作效率，许多科技品牌通过投资有效购买了更多软件功能，微软就是其中一个，它收购了日历软件 Sunrise，为 Outlook 邮箱增添了实用功能。

2016 年，这些收购将丰富软件功能，推动产品集成，也开始转化为整体顾客体验。

教全世界烧烤

内容营销风行之前，室外烧烤器具品牌“韦伯”就已经在悄悄推行高超的图书出版战略了。他们希望能够通过教授烧烤技巧来占领市场。

为了实现这一设想，韦伯在十几年的时间里以品牌名义或与名厨合作出版了一系列食谱，培养家庭厨师和烧烤能手，指导他们如何在各种场合腌制食材、点火烹饪、端菜上桌，烹制烧烤佳肴。

如今，这一品牌的内容营销已经远远不止纸质图书，还拓展到实用烹饪软件、视频教程、在线工具，甚至还有一个活跃的网络社群：韦伯帝国。所有这些特色内容使得烧烤交流不再仅限于书籍。这些学习材料集合在一起，对于世界上每一个想要把饭做好的人都极具价值。这也完美展现了正确应用“价值营销”时能够激发出来的潜力。

如果能够回答消费者的问题，持续创造有价值的内容，就有可能拥有一套完整的技能培养体系，同时推广品牌。

为何重要

内容营销之所以能够获得消费者良好的反响，潜在原因是它提供了实用价值。虽然大型品牌娱乐还会继续存在，如赞助拍摄电影或者扣人心弦的30秒娱乐短片，但若想利用内容与顾客建立联系，“价值营销”才是绝好的契机。那些想办法创造更多实用价值的品牌——要么巧妙投资网络或纸版杂志，要么收购软件，打好基础，为移动用户提供价值——将成为最终的最大赢家。

谁该利用该趋势

如果对消费者进行大量的技能培养有利于一家公司的产品和服务，这样的公司就能从价值营销中直接获益。例如，在使用烤箱和管理资产方面，技能教学对于消费者极具价值。一个品牌只要能扮演教学者的角色或通过实用功能为顾客解决问题，最终都能出类拔萃。

如何利用该趋势

√ **解决大问题**——人们常说，最好的产品就是为顾客解决问题的产品。这种想法的唯一不足就在于，它会导致很多品牌和团队过分关注如何发现和解决一个具体问题，却忘了跳出问题本身，以更广阔的视野思考顾客需求。有时候，你能提供的最有价值的内容和效用就是持续帮助顾客，而不是仅仅出于销售方案而解决单一问题。

√ **回答意想不到的问题**——价值营销最重要的一点就是回答消费者的问题，特别是那些他们不期待从企业得到答案的问题。从这一点获益的一个品牌就是希尔顿酒店，它在过去几年里打造了推特账号@HiltonSuggests，为所有人解答旅游问题，无论其是否入住希尔顿酒店。希尔顿酒店已经通过这个账号发布了近40000条推文，大部分直接推送给个人用户。如果能为顾客提供意料之外的效用，你就能想象潜在顾客的反响，想象惊喜的人们带来的口碑效应。

中国相关性

价值营销

很多品牌都会通过开设微博、微信公众号发布有关企业的信息。但是，怎样才能够吸引关注者？为什么一个普通人要持续关注一个企业的公众号？这是一个疑问。事实上，很多品牌开设这些账号，都只不过是在做传统的单向传播，完全没有建设品牌个性，更遑论做了口碑传播，根本不会唤起消费者的行动。真正要做好的，其实是品牌个性，以及它要传递的信息。

母公司为香港煤气公司的港华燃气，是一家为家庭用户提供生活然气的大型公用事业公司，在国内拥有超过2000万用户。不过，港华燃气的目标，是要塑造企业成为一个能照顾家居方方面面的生活品牌，从室内装修到家庭用品；从厨具到家用电器；从食品到小装饰，港华燃气的目的就是要提升中国家庭的生活素质和品位。从2016年开始，它们在微博上推出了名为“剁手先生”的账号，又在微信上推出了名为“优生活体验馆”的公众号，目的并不是要硬推自己售卖的产品，而是要搜罗世界各地最有生活品位的产品，介绍给消费者，从而打造高品质的企业形象，积累大量的关注者。港华燃气要回答的问题，就是什么是生活品位？怎样可以有生活品位？怎么可以得到这些有品位的产品？然后，港华燃气通过聆听消费者的诉求，提供最好的答案，找到最好的产品，这就是一家企业怎样通过社会化营销，塑造一个针对性强的品牌的榜样。

趋势六　正念情商（Mainstream Mindfulness）

非显著之处何在？

冥想、瑜伽和静思摆脱了烧香拜佛的名声，成为个人和公司提高业绩、健康发展、增强积极性的有力工具。

仅在两年前，我写到“智慧 2.0”大会正迅速成为高级商业领袖的聚集地，他们希望自己的员工变得更加专注用心。当时离举办大会还有一个月，我已经拿到了票，正在准备晚宴致辞发言稿，但因时间有限，我还没来得及了解“智慧 2.0”就必须动笔写作。

那年我参加大会遇到很多人，收集了许多深刻见解——搭乘飞机回家的路上，让我印象最深刻的是，专注力已经不仅仅是一小群思想开放的高管的个人追求或信仰了。相反，它已经是一个成熟的产业，为了提升专注力，人们会雇用专家，开展企业培训，开发越来越多的软件。许多创业者也干起了培训，当起了导师。我们说的“正念情商”，其实就是专注力的问题。

自从 2014 年我首次介绍这一趋势，所谓的专注力生态系统持续发展，不断扩张，其含义也不再仅限于通过沉思冥想保持头脑清醒。即使在咨询行业，这种类型的领导力训练需求也不断飙升，它不再仅仅是午餐时分的沉思冥想，而已发展为更彻底的文化变革，包括关爱员工的工作场所，多元思考的力量，真诚领导，通过非显著创新提升员工参与感，开拓创新，优化顾客体验，促进员工和谐，等等。

“正念情商”如今影响着我们对一切事物的理解，从食物的选择到睡眠的方式。这一趋势已经突破最初的含义。受此启发，我将它再次写入了 2017 年非显著趋势报告。

在这一部分你将看到，沉思冥想对于人们来说已经不仅意味着居家、工作和旅行过程中寻找心灵的平静——我们先来看看每天都会做的事：睡眠。

睡眠革命

回到几年前，高层领导被问及职业建议时，给出的陈词滥调往往是努力工作，坚持梦想。“生前何必久睡，死后自会长眠”，这样的话常被滥用来阐释这一观点。过去一年里，最受欢迎的成功学口号已经不再是埋头苦干、辛苦付出。

我要说的是一件每个人都做，但几乎都做不够的事：睡眠。

商界的有识之士，包括杰夫·贝索斯（Jeff Bezos）、沃伦·巴菲特（Warren Buffett）、比尔·盖茨（Bill Gates）、雪莉·桑德伯格（Sheryl Sandberg），都公开谈到充足睡眠的种种好处。媒体巨头阿里安娜·赫芬顿（Ariana Heffington）则更进一步，在经历睡眠不足、熬夜加班、积劳成疾后，写了一本书讲述睡眠的重要性。

亲身经历给她敲响警钟，启发她写成《睡眠革命》（*The Sleep Revolution*）一书。书中她大胆鼓励管理人员“睡着走向人生巅峰”。

虽然这本书可能有人批评，但它意味着人们逐渐认识到，它或许也是成功的策略，可以指引我们改善公司经营状况，提升员工参与感,执行减肥计划。伴随着人们对睡眠的深切关注，睡眠行业也在发生变化。

行业研究公司 IBISWorld 的一份报告预测，2020 年睡眠实验室[①] 将成为百亿美元的行业。另一份研究报告则预测，助眠产品产值将在 2019 年达到 760 亿美元，特别是床垫，仅在美国的产值就将达到 140 亿美元。

说到床垫，一系列创业公司正在普及和简化床垫生产销售的全流程。在备受欢迎的无弹簧床垫直销厂家中，Casper、Tuft & Needle、Purple、Saatva、Leesa 和 YogaBed 仅是其中几例。每个厂家都有这样的创业故事：不满意现有市场，鄙视大多数床垫商家常有的离奇涨价，希望打造当地生产、质量更好的床垫。

无论是床垫、建议书还是奢侈的睡衣裤——一场睡眠革命正在发生，它源于人们逐渐认识到充足睡眠对于工作表现、专注用心以及更进一步，对于健康本身的作用。

---

① 睡眠实验室是用于诊断睡眠疾病的相关设备。——译者注

冥想的艺术

“正念情商”这一趋势最惊人的一点就是成人涂色书的爆炸性增长。许多人开始用“冥想涂色”这个略带仪式感的说法来描绘这一切：从日常生活压力（和电子设备）中解脱出来，花些时间进行涂色，以收获心灵的平静。

2017年，除了涂色书，人们很可能还会在其他地方通过创造性活动进行冥想和放松。可以到特许经营酒吧喝酒、画画，也可以通过其他冥想方式打发时间，如编织、制作剪贴簿等。我想说的是，各种各样的艺术和创作活动是放松身心、厘清思绪的绝佳方式，越来越多的消费者可能会发现这一点。

由内而外提升企业健康

要是放在几年前,“企业健康”听上去简直像个可笑的矛盾。

人们往往认为健康是加班劳累的解药。于是科技公司出现了灵活的工作时间表和室内按摩,开始设想如何改变工作方式。公司不再是让人心神不宁的地方。让我们看看这个“未来办公室”的例子。

2016 年 7 月，澳大利亚一家房地产和基建公司“联盛”（Lendlease）将新全球总部搬到悉尼市郊的布朗格鲁。他们的大楼是世界上首批获得国际健康建筑协会“主体和外观”健康标准认证的建筑之一。建筑行业最近提出这个野心勃勃的标准，推动建筑开发商将人的健康作为设计核心。

入驻这些建筑的企业承诺每年投入更多资金，开展项目提升员工健康。“企业健康”产业的一整套概念迅速升温——最近被 Inc. 杂志评为 2016 年最佳创业行业。兰德公司[①]的一份报告指出，企业主针对企业健康投入 1 美元预计能获得 3.8 美元的回报，包括医疗费用节省、工作效率提升等。

企业健康这一概念日渐突出，不仅提升了劳动者的幸福感，还将催生整个产业吸引创业者和有识之士。不幸的是，并非每一个有识之士都像他们自己宣称的那样具有远见卓识。

精神创业

“精神创业”的新领域正在涌现，许多宗教顾问、瑜伽信徒、

① 兰德公司是美国最重要的以军事为主的综合性战略研究机构。——译者注

精神治疗师、心灵导师和江湖医生在“精神”和“专注”的启发下，纷纷开启了自己的事业。

上网快速浏览一番，便能发现几百家个人品牌网站经营某种专注力培训服务或研讨会。其中许多人是商业教练，他们在自己的课程中加入专注力训练。其他人的背景则是精神治疗、体育健身或瑜伽教学。还有一小部分似乎缺乏甚至完全没有多少经验或培训经历。严格来说，只有少数几个人既有商业背景和专注力知识，又能培训他人，指导变革。

这种“淘金热”般的快速扩张总会带来一个问题，那就是如何分辨可信赖的专家和机会主义者，如何确保机会主义者不会拖垮整个行业。幸运的是，业内许多人拥有震撼人心的背景故事，他们用自身的成功经历为行业增添公信力。

其中一个例子就是阮波林（Pauline Nguyen），她此前以难民身份前往澳大利亚，开了一家越南餐厅。她到全球各地讲述与他人一同开办红灯笼餐厅——位于悉尼，号称是“世界上获奖最多的越南餐厅”——的经历，还出版了《优雅面对打击：精神创业者的生存之道》（*Grace Under Fire: The Way of the Spiritual Entrepreneur*）一书。

越来越多的人宣称，创业成功的关键是在业务中融入更多精神追求和专注力，她只是其中一位。

有时候，推动公司发展精神追求的是机构，而非个人。一个很好的例子就是“存在协会”，它从麻省理工学院“组织学习中心”衍生出来。协会创建人是作家彼得·圣吉，目标是“开发和传播各种工具，帮助机遇创造者进行深度改革”。

该协会最早的一个项目是和德国联邦经济合作及发展部、不丹国民幸福总值中心共同创立全球健康和国民幸福总值实验室（GNH）。该实验室从发展中国家、新兴经济体和工业化国家召集了许多顶尖的革新者，开创各种新方法衡量和评价全球各国的幸福和发展状况。

关注幸福

这一趋势的真正力量就在于，将它主动融入到公司和机构的思维方式时会带来专注思维在商业和文化领域的交汇。许多研究表明，人们开心时，痛苦、疾病和抑郁会减少，收入会更高，人际关系会更协调，工作效率也会更高。我们的关注点之一就是幸福，以及寻找更有意义的方式量化幸福。多年来，不丹一直使用“国民幸福总值”来衡量国家政策对国民总体幸福程度的影响，越来越多的国家也开始跟随不丹的脚步。

其中一个例子是迪拜酋长国统治者穆罕默德·本·拉希德·阿勒马克图姆（Mohammed bin Rashid Al Maktoum），他两年前开创了一个“幸福指数”，在酋长国各地公共建筑安装了 23 个智能设备，收集国民对政府服务的满意程度。2016 年他更进一步，任命了阿拉伯联合酋长国的首位“国家幸福”部长，宣称“政府的所有政策、项目和服务都必须有利于提升社会幸福感和积极性”。

最近几年，这一幸福标准得到全球更多政府的关注——主要归功于越来越多的相关研究。哈佛大学、梅约医学中心、牛津大学都投入了大量的资源和时间，研究如何提升幸福感和专注力。全球幸福指数报告于 2012 年首次出版，针对全球幸福状况展开调查，如今已是第五个年头，每年调查结果在联合国世界幸福日到来前的 3 月发布，引发全球关注。

这份报告由来自经济学、心理学、调查分析、国家数据统计、医疗健康、公共政策等领域的顶尖专家所撰写，主要依靠对每个国家 2000~3000 位受访者的回答进行分析。报告的目标是“评估当今世界的幸福状况……反映新的世界诉求：将幸福指数进一步纳入政府政策的评价标准”。

2016 年参与调查的国家中，丹麦排名第一，紧随其后的是瑞士、冰岛和挪威。美国排在第 13 位。可想而知，调查结果登上了全球媒体，被数百万人所看到。

部分由于迪拜（仅是 7 个酋长国之一）的努力，阿拉伯联合酋长国成为中东地区进入世界幸福指数报告前 30 名的仅有的两个国家之一（还有以色列），排在第 28 位。更重要的是，这份报告每年都会引起国际社会对幸福感和专注力的更多关注。

为何重要

随着专注力继续走入主流视野，工作场所、国家甚至文化都可以被彻底革新，这样的观念将不断扩散。观念的转变已经开始影响几乎每个行业，从金融服务、生产制造到职业体育，不一而足。一个绝佳例证就是安泰健康保险集团出人意料地任命安迪·李担任首位“首席专注官”——由此可见，安泰总裁马克·T. 贝托里尼（Mark T.Bertonlini）的远见卓识。类似的例子正在推动人们重新评估在人力资源管理、领导力、商业培训指导方面，到底什么最重要，最佳实践又是什么？与专注和健康有着表层关联的其他行业，例如床垫和涂色书，在融入专注和健康的概念后都开始出现业务增长。进入2017年，该趋势最大的影响就在于多少人会在各个行业里意外获得共识：公司企业一定不能忽视非显著的契机，不能忽视健康和专注。

如何利用该趋势

√ **专注不只是健康**——我们容易认为“正念情商”这一趋势仅仅关注员工健康，但越来越多精明的组织正在寻找新的方式将专注力与其他商业准则联系起来，如创新、改革领导力和突破性的用户体验设计。专注力越强的员工，思路越清晰，精神越集中，往往能在已有的业务基础上更进一步。

√ **将专注力作为重中之重**——谷歌、全食超市、领英等先进企业率先关注专注力而倍受赞誉，其他许多公司也做着同样的事情，例如通用磨坊、高盛、英特尔、美敦力、塔吉特、SalesForce（一家客户关系管理软件服务提供商）和安泰。美国俄亥俄州众议员蒂姆·瑞恩也在其辖区的校园里开展类似的专注力活动。无论身处哪一行业，都有一系列著名的例子可以有效说服不情愿的领导人下定决心进一步重视专注力。

√ **寻找和创造专注的时刻，将团队聚在一起**——每个人都想拥有伟大的公司文化，但创造文化的难度众所周知。最有效的方法是在日常工作之外，经常提供机会让团队成员为了某种东西聚在一起。专注力研讨会、户外活动、地方及全国性会议（如智慧 2.0 大会）或现场活动都是好去处，可让这一趋势在你的组织中发挥作用。

中国相关性

正念情商

飞速发展的技术、商业和社会似乎不允许人们“停下来思考”，但当今的中国精英人群已越来越回归思考的价值。20余年来，随着互联网发展带来的信息开放性，让人们越来越容易地获得各种各样的资讯和观点——这些信息往往是混杂、模糊、碎片化甚至是相互矛盾的，但这也让人们养成了对信息的吸收、处理和辨别的能力。就好像现在每个人都沉浸其中的微信、微博和各种移动客户端，虽然信息纷杂无序，但却总体上提高了人们的阅读习惯，同时刺激着独立思考的能力。

当当网总裁李国庆说，“屏读”业已形成趋势，但传统纸质书也并未完全被取代。实际上近年中国图书出版业，不管是纸质书还是电子书都有增长。在中国的商界，我们也看到各种论坛活动频密发生，成为市场领袖首先要成为“意见领袖”和“思维领袖”。

威汉所参与的豪华汽车品牌营销活动中，也越来越倾向于利用此类“思维领导力”平台扩展品牌影响力。“思考”，正在逐步变得更为核心，只是与国外不同，中国人“思考”的重点，目前还主要集中于商业领域。

趋势七　渴望解脱 (Desperate Detox)

非显著之处何在?

技术、媒体和实物让日常生活越发复杂，人们渴望给生活做减法，寻找享受更多沉思时光的新方式。

我第一次写“渴望解脱”的时候，只是想找到方法去摆脱那块小屏幕难以抗拒的诱惑。智能手机每天控制我们十几个小时，社交媒体“噼噼啪啪”的提示音，入侵着我们醒着的每一时刻—— 一切似乎都该归咎于技术。

从那时起，三年过去了，我们依然和当时一样与技术的“噼噼啪啪”声相伴相随……但这一趋势已经不再是人类对抗技术了。2017 年,我之所以将“渴望解脱”再次列入年度趋势，是因为它描绘了人们对复杂性的普遍拒绝，而不仅仅是拒绝技术。

该趋势出现了有趣的转折，技术本身开始变成工具，帮助人们急切“逃离”各种错综复杂的事物。

也许这一趋势最为流行之处就是不断发展的各种工具，使得我们可以放慢脚步，抽出空当，改变那些消磨我们时间的东西，进而充分享受生命。

放慢脚步，获得解脱

挪威有一档很受欢迎的电视节目——“慢电视”，内容要么是记录一艘游艇沿着挪威西海岸往北航行 134 个小时，要么是播放一群人连续 7 个小时编织毛衣的视频——最受欢迎（也是最荒唐）的一期——“全国木柴之夜”，用了 12 个小时记录木柴被劈开后扔进壁炉焚烧的过程。这个频道如此独特，以至于被网飞公司选中，呈献给了挪威以外的观众观看。

在西班牙，一场有趣的“安静就餐”运动号召人们抵制“餐馆效应”——嘈杂的聊天加上服务员的声音使得餐馆吵吵闹闹。截至目前，全国已有20多家餐厅宣布计划成为“安静就餐”场所，其中包括几家米其林餐厅，例如尤尼克酒店。想要登上榜单，餐厅必须保证餐桌间的最小距离，采取到位的隔声措施，提醒顾客用餐时不要高声说话。

这两件事情背后的重点就在于，“渴望解脱”有别的路可走，这条路似乎与杰夫·库奥（Jeff Kuo）就电视行业提出的“快速观看策略”相矛盾。快电视和慢电视怎么可能同时构成未来的趋势呢？

渴望解脱的本质，是人们希望简化生活、去除杂乱。有些人尽量压缩观看电视的时间，有些人则花上几个小时看着电视里的木柴燃烧，疗愈心灵，获得平静。

逃离电子设备，用心享受旅游

2016年6月，英特尔安全卫士（迈克菲安全软件的开发者）发布了一项全球调查的数据。该调查询问旅客多久能够拒绝一次电子设备的诱惑，推开技术的干扰，用心享受旅游。

结果，数据令人沮丧。

旅行时摆脱社交媒体这一点，加拿大人做得最好（61%），紧随其后的是法国人（60%），接下来的是墨西哥人（54%）、德国人（54%）、美国人（53%）、荷兰人（51%）、巴西人（51%）、西班牙人（44%）和新加坡人（42%）。

调查结果又指出，虽然加拿大人获得了“胜利”，但打算在旅行时甩开电子设备的加拿大受访者中，超过半数（54%）的人依然做不到……即使 3/4 的受访者说，甩掉智能手机和平板电脑去旅游会更加愉快。

那么，如果甩掉电子设备，旅行会更加愉快，而大多数人（例如加拿大人）做出这一选择又十分困难——怎么办呢？几家旅行社最近采取了新的举措，帮你找到问题的答案。

例如，旅行机构领头羊“无畏旅游公司”发起了一系列“逃离电子设备”的各地旅游活动，承诺“开启别样的旅程，没有社交媒体，也没有手机和相机。体验真正的旅行。还原旅行的本真”。

其他机构也在打造类似的体验。“发现户外”（Discover

Outdoors）要求活动参与者不准携带电子产品，进行独木舟露营冒险，“模仿导游”（Paragon Guides）则会带着旅客骑美洲鸵。“通过瑜伽”（Via Yoga）运营着一系列的主题假期活动，“旅游热”（Wanderlust）则举办了专门探讨如何用心生活的全天活动。

旅游业的这些创举，都是为了帮助人们利用旅行的时间，获得真正的休息和恢复——甩开技术的干扰，让身体和灵魂获得解脱。

所有权被高估了

旅行时获得解脱可以疗养心灵，但回到家发现杂物横陈，这一切便很可能无法持续。2015 年的一本畅销书凭一己之力开创了“精简”趋势，备受赞誉。该书名为《怦然心动的人生整理魔法》，作者是一位日本职业整理师——近藤麻理惠。书中提供了整理生活的一系列小窍门——包括如何归整橱柜，扔掉不需要的东西，并征服你对“物品”的非理性情感依恋。

该书引发了一场运动，并融入了一个更为引人注目的宏观趋势——“共享经济”的崛起。这个词常被用来描述迅速发展的各大平台与服务，如优步（Uber）和爱彼迎（Airbnb），它推动了世界各地的人们重新思考所有权的传统概念。

哈里斯民意测验调查所的一项调查显示，78% 的“千禧一代”——相比婴儿潮一代的 59%——“更愿意花钱购买体验，而非实体物品”。研究结果证实了他们的想法：体验更具价值。在《快乐金钱》（*Happy Money*）一书中，哈佛大学市场营销教授、社会科学家迈克尔·诺顿（Michael Norton）认为，对大多数人而言，花钱获得体验所获得的快乐，远远超过了购买实物。

这一思想转变，加上协同经济在很多情境下可以增加共享、减少独占，意味着一种减少复杂度、获得解脱的方法正在兴起，那就是想方设法减少占有的东西。

技术带来的解脱

话说到这里，我们可能情不自禁地认为“渴望解脱”主要是努力摆脱杂乱、充分利用时间、放慢脚步。但它的反面却让这一趋势变得十分微妙，我们可以看看人们找到了多少方法，通过刻意加速而非减速来获得片刻的解脱。

2016 年年中，记者杰夫·库奥在《华盛顿邮报》

（*Washington Post*）发表了一篇文章，震惊了世界各地的电影制作人和内容创造者。该文章深入研究了他本人为了节约时间而养成的一个古怪习惯——以两倍速度观看电视和电影。

他使用专门的快进软件，这样一整季的节目几个小时就能看完。在这个娱乐爆炸的时代，各类节目只要点击鼠标就能获得，不管是有剧本的还是没有剧本的。他的举措很极端，但也能理解。2015 年，美国各个创作团队发布了 400 多档剧本节目——差不多是 2009 年的两倍。

最重要的是，只要你有空，就能在流媒体服务网站［如 Netflix（美国一家在线影片租赁提供商）、Hulu（一家美国视频网站）、Amazon Prime（亚马逊收费会员服务）和 YouTube 新上线的 RED］花几个小时尽情娱乐。

了解这个古怪的习惯后，你可能会思考一个明显的问题：首先，谁会喜欢这样做呢？加速播放节目，声音不会像花栗鼠，观看体验不是很糟糕？

为了让人们亲自回答这个问题，《华盛顿邮报》不仅发布了库奥那篇备受争议的文章，还附上了一段样例视频。读者可以用常速和加速模式观看一小段人气电视剧《权力的游戏》（*Game of Thrones*）。

对于观看这一小段视频的大多数人来说，加速体验无疑更好。

对话加快，停顿缩短，可回到“常规”速度观看时——一切似乎都慢吞吞的，让人沮丧。虽然制作方表示反对，希望保持艺术的完整——这篇文章却有力地鼓舞着人们自己去发现并使用节省时间的方法。

过去一年里，视频加速并非技术帮助人们“摆脱”错综复杂的唯一例证。一家名为 Circle 的公司最近与迪士尼公司联手推出一款 99 美元的设备，可以在线观察孩子的行动，并限制孩子使用设备的时长。一旦超时，设备就会关机。

更进一步地说，2016 年年初，纽约大学学生基诺 · 金姆开发了一种名为“Screeners”的眼镜，一旦检测到穿戴者注视电子设备便立即转变为不透光，以此减少用户使用电子设备的时间。

这种种努力都专注于帮助人们“摆脱”技术和媒体的噪声，通过技术本身解决问题。然而，有时候消除技术噪声的最佳方式，就是去发现人们在什么时候希望完全抛弃技术。

为何重要

在今天的生活纷繁杂乱的世界里，从各式各样“随时在线”的技术，到指数级增长的耗散我们时间和精力的各种因素，都在推动着人们的需求：找到新方法，逃离混乱。

对“渴望逃离”的需求，大多数人都能立刻感同身受，并回忆起自身需求强烈的时刻。然而，这个趋势最有趣的演变就在于，它不再仅仅关于摆脱技术。技术并非敌人，复杂性才是，而且逐渐被产品、想法和生活妙招所解决，我们每个人都能找到更多的平静时光，寻找节约时间的更多途径，至少也能更有成效地利用时间，增进幸福。

如何利用该趋势

√ **创建更多静音键**——过于频繁地给顾客发送电子邮件，结果会怎样？他们会取消订阅。如果反过来，不想失去顾客，让他们能够点击静音按钮，获得一段时间的解脱——或者至少降低一点音量？最优秀的市场营销人员都知道，除了让用户选择是和否，还有第三个被

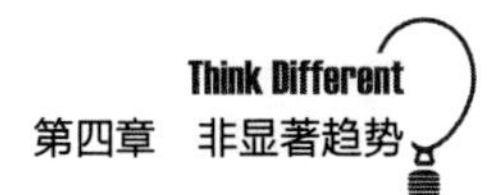

遗忘的选项——可以让他们选择减少一些。这样一来既不失去顾客，又能减少噪声——同样的技术也适用于电子邮件以外的许多地方。

√ **简化，但又不失去意义**——长期以来，简化都是沟通的理想状态，但有时也会一不小心将信息或体验过度简化，变得毫无意义。在未来，任何消息的沟通者和制造者都需要思考如何构建体验，让事物简化，但依旧保留其最初的精华。这需要高超的沟通技巧、充满力量的文笔，以及丰富的创造性思维。

√ **解放你的顾客体验**——零售行业的一大趋势，就是从推销转变为体验。最成功的转变，就是让顾客开心地将周遭世界甩在一边，深入接触品牌。这需要有条不紊的规划，移除各个方面的繁冗复杂——从销售人员的沟通到塞满货架的陈列品，而且确保增强现实、虚拟现实之类的技术的使用是出于战略考虑，而非单纯跟风。

中国相关性

渴望解脱

30年来中国从一个传统型社会快速步入一个纷纷扰扰、热闹非凡的现代社会。我们一面急切地拥抱着技术、商业和生活方式层面的巨变，一面也感受到复杂和快节奏的现代社会为人们心灵带来的压力和挤压，于是也开始放松和舒缓。如果关注流行畅销书，你会发现有一类心灵鸡汤性质的，倡导“慢生活”和“放空”的书籍永远高居畅销书榜首。

在行为上人们追求的是对所身处的时空和生活节奏的“逃离”。正如2016年中“世界那么大，我想去看看”那份辞职信引发的热潮所昭示的那样，旅游业，特别是出境游、自助游、深度游等市场，近年来一直呈高速增长状态，类似“去哪儿”“赞那度”等各种定位的旅游服务产品也大量出现，而近期肆虐的雾霾更加剧了人们逃离到另一个地方进行心灵“排毒”的渴望。

趋势八　反完美主义（Lovable Unperfection）

非显著之处何在？

伴随着人们寻求更为个人化、人性化的体验，品牌和创作者也有意利用个性、古怪和刻意的不完美，让产品和体验更加人性化、更真实、更具吸引力。

2016 年，瑞典旅游协会计划庆祝国家废除审查制度 250 周年时想另辟蹊径。为了展示政府对信息透明的执着与坚守，他们为瑞典这个国家打造了一个电话号码，并邀请普通瑞典人自愿接听电话。

这场运动简称“瑞典号码”,2016 年 4 月 6 日,号码开启使用，公开邀请全世界进行呼叫。不出预料，第一批呼叫的是好奇的记者，他们想一探虚实，了解背后的机制以便写成文章。随后的报道详尽阐释了这场运动背后的想法、执行和远景……也阐释了瑞典这个国家。

一名记者拨通电话，应答者碰巧是另一名记者，对方也在体验这一服务，打算写文章进行报道。另一位撰稿人接通的是一名瑞典学生，对方原籍乌干达，从外来人的角度讲述了这个国家。

在这两个例子中——该国十分激进的信息透明实验证明了一点：瑞典是一个个性表达不受审查的地方。这两个名副其实的“大使”承认自己没有进行训练，无须接受指示遵循规章。他们不过是上网注册，选择时间后便参与了项目。

这个独特的实验恰巧发生在瑞典，其实不值得我们大惊小怪。

该国四年前就已经掀起轩然大波，在推特上大胆尝试信息透明，每天都将国家的 @sweden 账户轮流转给一位瑞典人去操控。这场名为“瑞典管理人”的运动存在一定的问题，但直到今天仍在继续——每周都在刻画一个新的瑞典。

瑞典旅游协会所了解的，正是其他许多品牌、政府、协会和个人正在吸取的经验……乐意向他人展示自身瑕疵，本身就有一种美感。这就是“反完美主义”这一趋势的本质——通过激进的信息透明，个人和机构在展示真实情况的同时不去掩藏缺陷，并以这种独特的方式获得信任。

缺陷简史

此前《非显著趋势报告》的热心读者可能会注意到，我连续两年以各种方式描述了这一趋势——这样的趋势在我 7 年的预测工作中绝无仅有。

2014 年，我将这一趋势命名为“反完美主义”。2015 年，我将类似的趋势称为“反完美”。在这一点上，两者的区别是第一年主要关注与人建立连接，而第二年聚焦的是公司企业故意凸显产品或服务的缺陷，追求“战略性的不完美”。

关注个人的时候——我举的例子是热门电影或电视节目中那些家喻户晓的反派角色，如《绝命毒师》（*Breaking Bad*）中的沃尔特·怀特（Walter White）和《卑鄙的我》（*Despicable Me*）中的格鲁（Gru）。

一年后——我的趋势描述发生了变化，写到了某些品牌开创的加工产品，如奥斯卡·梅耶（Oscar Meyer）牌三明治火腿肉，以及追求缺陷的品牌，如 UGG 靴子和卡骆驰——抛开鞋子外观，它们依旧吸引了热情的粉丝。

2016 年，我将两者进行结合，称为“反完美主义”。既然此前的两本趋势报告都提到了这一点，为何还要再提——区别又在哪里呢？事实上，是否再提，此前我犹豫不决……但随着我越来越多地在各个会议上谈到这一趋势，与公司高管在圆桌会议中探讨这一主题——我便更加确信应该再次提起。

然而，今时不同往日。如今那些最强大的公司和领导人都会使用恰当的流程，激进地展现真实的一面，增进与受众的亲密度。他们的做法常常包括暴露自身的弱点，刻意在公众场合上演失败，以此建立信任。让我们通过几个例子来看看实际情景。

幕后视频

当快餐连锁品牌温蒂汉堡希望向消费者展示沙拉中的配料来源时，便在莴苣上放置一个运动相机，记录了从农场到餐馆的全过程。制成的视频被放在 YouTube 上，观看次数超过 700 万。

几年前，有人在推特上发问麦当劳：为什么广告中的汉堡往往和消费者拿到的不一样？加拿大市场销售经理霍普·巴戈齐（Hope Baqozzi）制作了一个 YouTube 视频，展示了麦当劳专业摄影的真实情况。这段三分半钟的视频被观看了超过

1100 万次。

2015 年，从汽车生产商到时尚行业的各大品牌，都在打造专属视频，将人们带到幕后了解产品的制作流程。许多视频使用未经剪辑的镜头，展现真实可信、鲜为人知的一面。

在娱乐界，武术明星成龙也利用同样的方法在过去的二十多年里建立了自己的观众群。每一部电影末尾都有若干花絮片段，记录了电影中尝试绝技的失败镜头。这些片段让他更有亲和力，展现了其胆量和勇气，也让他更像一个正常人。

下面的例子是全球最让人困惑的以坦率著称的酒店——它宣扬的东西绝无仅有，在过去的十几年都十分成功。

汉斯布林克经济酒店

想象一下，你是阿姆斯特丹一家破破烂烂的背包客旅馆的市场总监。你负责推广的这家酒店十分简陋，甚至连人们对背包客住处所期待的大多数装修都没有。

如果你和大多数旅游市场营销人员一样，可能会想着找个一流的摄影师，拿着广角镜头，希望拍出最佳效果。然后，你可能将营销重点放在其他方面，例如成本和酒店位置。

对于阿姆斯特丹的汉斯布林克经济酒店而言，最佳策略恰恰相反：接受自身的乱糟糟，坦诚相告。在过去超过 15 年的时间里，该酒店一直宣称自己是“世界上最烂的酒店”。

该酒店的广告主题是拒不认错，例如“抱歉，我们很擅长弄丢你的行李”、“抱歉，我们在忽略顾客抱怨方面出类拔萃”。还有一则广告保证说，入住酒店将“提升你的免疫系统”，因为酒店周围环境邋遢。酒店在里斯本开了分店时，新店的标语则向顾客保证“服务员同样缺乏社交能力，也没有掌握多种口音”。

任何做过景点或旅游地产宣传工作的人都知道，期望过高有时会导致失败。飞机常客期待着免费升舱，希望落空便会发怒。奢华酒店的老顾客期待完美，不管瑕疵多小，都觉得有理由抱怨一番。汉斯布林克的代理商 KesselsKramer 公司在首次计划营销时，却提出了非同寻常的方案：将期望降低到人们不可能失望的水平。于是，“世界上最烂的酒店”这个概念便诞生了。

酒店使用富有创意的海报和直销手段，将“体验”推销给目标客户：年轻的背包客。归根结底，二十几岁的年轻人，哪个不想回到家向朋友或家人吹嘘，自己在阿姆斯特丹住过世界上最烂的酒店呢？

这种宣传将该酒店最大的劣势转变为人们入住的唯一理由，而且还奏效了，因为酒店常常满客，在社交媒体上也被热议（主要谈论其营销手段，而不是入住体验）。酒店的成功甚至催生了一本画册，其中描绘了过去十几年酒店的有趣广告。

这给我们什么启示呢？有时候，极致的诚实加上适当的可爱缺陷能造就强大的竞争优势。

为何重要

我们所在的世界已经不再是人人都想追求完美的世界。在花絮视频和大胆谈论糟糕的酒店体验的例子中，一种概念正在逐渐流行：故意开发有缺陷的产品、服务和体验，进而彰显独特性，吸引顾客。对我们而言，这意味着使得某种体验令人难忘的情感和个人因素，也许就是先前那些人们认为并不完美的事物。我们面临的挑战，就是允许不完美的瞬间存在，并用以取悦顾客，而不是拼命抹去瑕疵。

如何利用该趋势

√ **接受你的“反完美”**——对美国公共广播电台的听众来说，黛安·雷姆（Diane Rehm）的声音在广播界有着极高的辨识度。她长期以来与一种名为痉挛性发音障碍的神经系统疾病作斗争，其引发的副作用影响了音调。然而，雷姆带有瑕疵的声音却成了个性魅力的一部分，引人注目。在一片完美的女低音播报新闻的汪洋大海中，她的声音与众不同，成千上万的忠实听众专心聆听，回馈她的努力。

√ **反完美和破烂不是一回事**——人们可能容易将这一趋势理解为可以把事情办砸。那样就大错特错了。“反完美主义”的力量并非来源于不去修好损坏的东西，或者提供次等体验和产品。抛开广告内容，即使是汉斯布林克提供的也是好用的马桶和结实的床铺。东西坏了，你就得修好。但有计划地出现缺陷——就能帮你以意想不到的方式引人注目。

√ **将反完美作为卖点**——2015 年，沃尔玛启动了一个项目，售卖“难看”的水果蔬菜，减少食物浪费——包括因不良气候损坏的苹果和“Spuglies”（畸形小土豆）。家具销售员长期以来都将不一致的木材纹理说成独特而珍贵，而非存在缺陷。同样的策略也可能适用于你的品牌。

中国相关性

反完美主义

“追求完美”自然是社会通行的价值观，无数品牌都在它们的传播中催促人们要努力变得完美。但在今天中国的年轻人，似乎对这种给他们带来巨大压力的期望感到厌倦。他们正在形成一种新的态度—— 没有人是完美的；完美的东西都不真实，起码是不可爱；一个人可能正因为不完美，才是真实的，也才是可爱的。

2016年用“不完美”卖萌的极至案例，自然就是傅园慧。有别于那些张口闭口“为国争光”的模式化了的奥运健儿，这位铜牌获得者居然直接对中央电视台记者说“我已尽了洪荒之力”（因此也创造了“洪荒之力”这一年度热词）。不完美但真实的傅园慧，就这样一夜之间赢得全国人民的喜爱，而如果我们再看时下流行的网红，是的，他们中没有一个是传统意义上的“完美明星”。

趋势九　消极忠诚（Passive Loyalty）

●非显著之处何在？●

随着品牌间切换变得简单，技术又赋予了消费者更多权力——品牌忠诚度的新概念推动各大品牌变得更加精明，赢得真正的顾客忠诚。

如果忠诚顾客并非看上去那么忠诚，该怎么办？

大多数公司眼里的顾客忠诚度是非黑即白的：顾客要么忠诚，要么不忠诚。最近几年，忠诚计划[①]的投资迅速增长，收效却让人失望，因而这一偏见便越发显眼了。

Colloquy 是世界领先的忠诚营销研究机构，其两年一度的报告最新版指出，虽然美国顾客忠诚计划的会员数增加了 26%，达到了 33 亿，但通常情况下，注册了 29 个忠诚计划的美国家庭只会在其中的 12 个计划中保持活跃。

2016 年年初，行业咨询公司 Maritz Motivation Solutions

① 忠诚计划是指为驱动顾客进行重复购买，而对顾客的重复购买行为进行某种形式的回报的一种市场促进策略。——译者注

出版了 LoyaltyNext 顾客研究报告，指出“43% 的消费者加入忠诚计划是为了优惠，只有 17% 是出于对品牌产品的热爱，而认同品牌价值的只有 5%”。

大多数计划失败之处，就在于分不清两种类型的忠诚——出于方便的忠诚（消极的）和出于信赖的忠诚（积极的）。

实际上，将两者区分开，局面便会大不相同：一边是继续拼命维系顾客，另一边则是追求终身顾客价值。

如何鉴别积极忠诚和消极忠诚

汽车保险市场就是绝佳例证。表面上看，这个行业里的品牌似乎都有忠诚客户群，他们每年都会续费，然而最近咨询公司麦肯锡的一份行业报告却指出，“大量的顾客只是表面上的忠诚……不更换承保单位更多的是因为惯性懒惰，而不是对服务满意”。从这个角度看，盖可保险和前进保险公司长期推出的鼓励顾客更换承保单位、简化更换流程的广告，意义深远。

麦肯锡的报告指出，“他们给了顾客离开的理由，而不是留下的借口”，这恰好指出了忠诚的问题。在各大公司将越来越多的精力投入吸引顾客走向忠诚时——所谓的忠诚却大多是出于方便的忠诚。

这一效应的另一例证，就是司空见惯的手机用户切换套餐或设备。为了适应这一点，苹果公司在谷歌（Google）市场上线了一个“切换到 iOS”软件，谷歌也开发了自己的“快速切换适配器”，按三次键就能将苹果手机的内容转移到安卓手机。两家公司预测，未来将有 100 万“切换者”从一个平台转移到另一平台。

几乎每个行业，从有线电视、信用卡到按揭贷款，都在简化流程，降低用户切换商家的成本。切换的阻力和成本一度巨大。如今，一次按键便可实现——后台全自动的流程可实现无缝切换，获得顾客的积极忠诚就更难了。

消极忠诚	积极忠诚
注册或切换很轻松 因为注册优惠动心 关注奖励 便利推动型的忠诚 不大喜欢品牌，不向他人推荐，也不主动参与品牌活动	认同品牌价值 喜欢产品或服务 像使者一般推销品牌 推动他人购买（即净推介） 重视奖励 有时忠诚过了头 不容易切换到其他品牌（即使诱惑摆在面前）

消费者追求划算，希望省钱，那些在短期内满足他们要求的公司也能获得收益——但消费者最终还是会抬腿离开，将短暂的忠诚献给另一个品牌，然后循环往复。

之前有一项针对“积极和消极的忠诚的本质”的研究将这一现象称为消费者的“惯性状态”，并总结出“一个消极忠诚的消费者由于惯性（锁定状态）会购买同一个品牌5~6次，此后其他品牌也会一同考虑”。

那么，组织或领导人如何创造更多积极忠诚的消费者、追随者和员工呢？

仅在三年前，订阅似乎就是答案。

订阅经济的崛起和衰落

许多行业分析师密切追踪电子商务的发展轨迹，认为“订阅经济”将改变世界。你可以“订阅”剃须刀片（一美元剃须俱乐部）或者一周饮食计划（蓝色围裙），甚至是Adobe Photoshop（一款图像处理软件）和Microsoft Office（微软公司开发的办公软件）这样的软件。举目四望，“使用权高于所有权”的概念驱使着企业将一切产品加入订阅。

如果让用户订阅可以实现月月有进账，为什么还要将产品一次性售卖呢？

该行业的迅猛增长让我将订阅经济纳入了2014年的经济和企业趋势。我当时使用的主要例子，就是早期出现的订阅盒——各种产品围绕一个主题被摆放在一个精心包装的盒子里。2011年，以美妆领军品牌Birchbox为主导，订阅经济年总体增长率为200%，利润超过50亿美元。

随后，该行业似乎碰了壁。低准入门槛和获得订阅者固有的高成本开始影响市场发展。竞争加剧，增长开始停滞。

2016年，Birchbox进行了两轮裁员，转变策略开展更多网上零售，还建立了一间实体店。与此同时，男性时尚订阅零售商“衣箱俱乐部”关闭了芝加哥的配销中心，将更多的业务整合到母公司——诺德斯特龙。

技术类出版网站recode.com将这一切称为“圈套商业的终结”，而风行一时的订阅经济也似乎成为过去。然而，崛起背后的底层消费行为模式却没有改变。消费者仍将便利放在第一位。虽然订阅盒的风潮开始减退，但背后商业模式的力量依旧强大。为了证明这一点，让我们看看网上零售商巨头的最新发明以及相应的应用计划。

自动化的消费主义

当亚马逊在 2015 年推出一键购买设备时，起初宣传的是“协助顾客重新订购日常生活用品”。该设备内置蓝牙，可以贴附在任何平面上，只需按下按钮便能轻松订购纸巾、洗衣粉等产品，刚开始卖得还不错。

2015 年下半年，亚马逊卖出了 40 多万个一键购买设备，其中超过 25% 应用在 3 个宝洁品牌上——汰渍、Bounty（帮庭）和吉列。尽管用户刚开始觉得新鲜，但据市场研究公司 Slice Intelligence 估算，购买了设备的用户中，使用设备下单的不到一半，用过的顾客也差不多两个月才使用一次。

因此当 2016 年年末，亚马逊将一键购买设备绑定的产品增加到接近三倍，并继续拓展项目时，有些分析师便陷入困惑：既然收效甚微，为何还要拓展项目？

亚马逊发言人金利 · 佩尔索在发表声明后接受了《华尔街日报》的采访，坦承在家里挂满各式各样产品按键的想法很可笑，但指出公司真正的远景是“让用户无须操心按钮的事”。

自动化消费主义大概就是这样——在那个世界里，技术会预测你的需求，重新订购商品并送到家中，无须用户思考。伴随这一概念的是某种强制的品牌忠诚——消费者之所以锁定某一品牌，仅仅是因为首次下单时只有这个品牌，或者这个品牌最显眼。

更具体地说，忠诚会变成某种事先指配而非消费者有意选择的东西，那将是消极的而非积极的忠诚。

当然，就洗衣粉和纸巾这样的商品而言，消极忠诚的概念很容易理解。但如果是和我们的生活密切关联的东西呢？如果是我们的职业和工作场所呢？

员工满意度的神话

2016 年 4 月，大都会保险公司发布了美国年度员工福利发展趋势研究结果，令人欣喜的是，员工满意度多年来首次上升。该研究所称道的“上升”是从 41% 增至 45%。换句话说，当被问及接下来一年是否保持原有工作时，只有 45% 的人给出了肯定答复。

如果反过来看，这类数据实在没什么值得庆幸的。不到一半的员工一年内不会跳槽，这样的消息还能鼓舞士气吗？悲哀的是，当员工满意度的标准这么低的时候，诚实的回答通常是

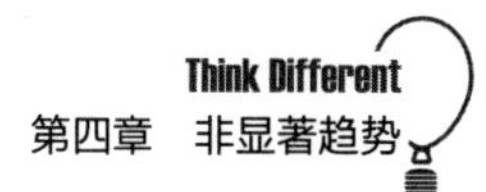

肯定的。

例如，贝恩公司的一项研究发现，普通企业每年会流失20%~50% 的员工。然而，虽然所有统计数字都表明员工对工作不满，很可能跳槽，但人力调配协会（SHRM）最近的发现却得出另一个结论：美国 88% 的雇员总体上对工作满意。

乍一看，这很像是奇怪的矛盾。如果人们对工作满意，为什么又在快速跳槽呢？可见，满意和忠诚并不是一回事。

所有的这些“满意”的员工实际上只是消极的忠诚。一旦有更好的工作，他们便不再忠诚，抬腿就走。他们不讨厌自己的工作或公司，但他们也不喜欢。职业发展的机会、更高的薪水或更好的福利一出现，他们就会撒腿就跑。

为何重要

多年来，市场人员和公司领导都将忠诚当作一个二元的概念——要么忠诚，要么不忠诚。如今我们开始了解到，忠诚的概念很微妙，而消极忠诚无处不在——工作，我们购买的东西以及我们是否认可品牌。

真正的问题在于，专注提升顾客忠诚的行业——这种行业中的品牌倾向于投资开展复杂的忠诚项目，创造新的时机回馈消费者——并不一定擅长创造并推动积极的品牌忠诚。满意的顾客并不等于忠诚的顾客。表现良好、对工作满意的员工也不一定就是忠诚的员工。

聪明的领导者和组织并不认为这是坏事，而是认识到消极忠诚只是通往积极忠诚的一个阶段。消极忠诚好过不忠诚或者讨厌，也好过不知品牌存在的中立态度。商机就在于采取措施将这些人——消费者或员工——转变为积极忠诚。

如何利用该趋势

√ **区分消极忠诚和积极忠诚**——如果你无法区分真正忠诚的顾客、员工和那些一看见待遇更好的工作、实惠更多的产品便抬腿离开的人——这一点便是你需要首先关注的。当然，区分并不容易，它也并不总是和员工任期、消费总额相匹配。一方面，各种行为、指标和分析等待被理解，甚至用以预测人们是否向积极或消极忠诚的转移；另一方面，你必须拟定自己的“基本问题”来协助衡量这一点。例如可以提问，“如果你接下来两年不换工作，我们需要做什么？”这种类型的问题能让你深刻理解谁是真正的忠诚，而谁一有机会便抬腿离开。

√ **收获忠诚，而非利润**——如果你在亚马逊预订了一本书，随后价格下跌，网站便会给你相应的退款——即使只有 17 美分。这种持续的主动追踪会大大增强消费者的信赖。很多人从来不会向别家预订书籍。每次价格下降，亚马逊主动返还几美分便能持续获得消费者的忠诚。做一些赢得顾客忠诚的事情，和仅仅关注商品的单次售卖，区别就在这里。

√ **激活积极忠诚**——一旦区分开积极和消极忠诚的顾客，好消息就是有很多方式可以转化他们。推动积极忠诚可能需要找到方法，增加切换的成本，让它不至于过低。另外，鼓励消极忠诚的顾客将他们获得的奖励或其他东西兑现，以此让他们切实体会品牌带来的好处，获得难忘的体验。最后，利用更多的分析，制订正确的战略用以洞察数据，也有助于将消极忠诚的顾客转变为积极忠诚。

中国相关性

消极忠诚

消费者的忠诚，很大程度上是因为习惯方便，或者是品牌经常给到奖励，以换取消费者愿意主动参与到其中的活动，愿意交换自己的消费数据。在中国，元气寿司就经常通过在微信服务号上频繁的小活动，吸引消费者参与小游戏，比如说在周五下午五点钟的“摇一摇”活动，通过发布活动内容，吸引消费者届时去抢有限供应的特色食品的礼券，吸引消费者的关注和投入参与，轻易绑定消费者，引导他们到店消费，并且带来更多的朋友圈和线下的“分享”，引起更多的口碑传播，再带动更多的参与和消费。这些消费者就会成为元气寿司的社会化客户关系系统的宝贵资产，让品牌可以做更多的推广，并且动员这些消费者去成为社会化媒体上的口碑传播者。

对于员工的忠诚这方面，思科中国和海航集团都分别启动了品牌大使计划。企业通过委任内部员工成为品牌大使，让他们除了拥有荣誉感之外，更帮助企业在社交平台上发出声音，扩大正面信息的声量。这些被赋权的大使，自然对企业有更大的忠诚和更深的感情，并且能对内对外都成为一个强大的营销力量。今天，思科中国有超过 900 位社交网络大使，海航集团也有超过 100 位品牌大使，通过培训、奖励计划，他们已经有效地为企业做不同的推广，甚至维护企业的形象。这比企业要通过公关渠道去发布冰冷的内容，让人感到更可靠，而且效果更显著。

趋势十 体验主义（Preserved Past）

非显著之处何在?

技术提供了保存历史的新手段，改变了我们借鉴、体验和展现过去的方式。

倘若我们能够采集所有现实体验并永远保存，那会怎么样?

有史以来的大部分时间里，人类都渴望保存并记录当下。过去的 100 年里，因为有了摄影和录像，这一渴望在视觉上实现了极大的突破,所有这些都无法提供真正沉浸式的历史体验。

想获得深度沉浸感，你可以拜访古迹，参加历史重演活动——但它们提供的视野依旧有限。说到记录自己的生活，我们离再现历史要更近一点，因为大多数时候，手机自拍和录像便能够引发身临其境的回忆。

但我们四周的环境以及它们所承载的、往往隐藏在视野之外的历史呢？看一看多伦多虚拟现实创新者 The Third Fate 的雄心壮志——如果我们能更好地捕捉并保存当下，就有更多的机会让自己浸入过去。

这个屡获殊荣的设计工作室最近利用 360 度采集技术，保存了众多终生难忘的体验，例如艺术家比亚克·英格尔设计的大迷宫（位于华盛顿特区的国家建筑博物馆），以及其他常见的都市景观，如曼哈顿的哥伦布圆环。工作室的愿景就是利用技术保存那些计划拆除或翻新的雕塑、衰败的建筑、变迁的景色以及新的建筑和展品。

如果你思考一下，渴望利用技术记录当下以期在未来体验享受，和我们通过自拍和录像记录生活，背后的原因并没有显著差别。“体验主义”有着惊人的力量，这一趋势的含义也绝不仅是记录体验。技术也许能帮助我们确保不会将过去抛下。

人们利用无人机、虚拟现实和增强现实、3D 成像和其他尖端设计手段，以多种方式保存过去。这些创举还带来了一个

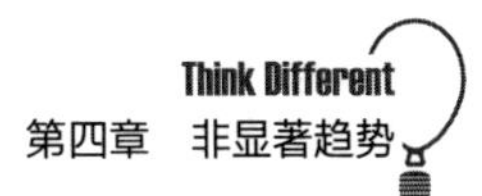

美妙的副产品：让过去变得更易于体验，可以按需访问，往往还能与当下共存。

这就是“体验主义”——在那里我们可以更便捷地访问、体验、借鉴共有的历史，体验前所未有的沉浸感、洞察力和连接性。

历史再现

探索这一趋势最便捷之处就是博物馆，因为那里就是储存过去的场所。在世界各地，目光长远的博物馆正在迅速转变，不再仅仅是积满灰尘的建筑和玻璃橱里的古器物。例如在希腊的卫城博物馆，一个团队正在用技术让一系列建筑遗迹和雕塑残骸重现生机，利用增强现实技术恢复颜色和已经消失的部位。

佛罗里达州的达利博物馆举办了一场“达利之梦”展览，游客可以佩戴虚拟现实头戴视图器走进场馆，探索达利 1935 年的作品《对米勒〈晚祷〉的考古学回忆》(*Archaeological Reminiscence of Millet's Angelus*)。画作的细节被周到还原，每个人似乎都能实时体验到达利抽象而奇妙的思维世界。

当然，还原古器物或者在艺术家的思维中遨游，和与真人对话并不一样。问题往往是，这样的对话不可能实现——但有个项目却在以不寻常的思维，寻找途径突破这一限制。

这项工作被称为“新维度证词”（NDT），由南加州大学的几个小组合作开发，旨在为历史上最黑暗的时代增添几分人情味。

这一示范项目以大屠杀幸存者平恰斯·盖特为主角，他回答了与其经历生平相关的近2000个问题。采访期间，该项目组在合适的位置放置了50台摄影机捕捉三维画面，记录他在一周时间里讲述故事的过程。

自然语言处理软件将他的回答编入索引，制作成栩栩如生的全息图像供人们互动。这样一来，人们便能与大屠杀幸存者进行实际对话，体验效果引人入胜，也有少许不安……这样的事情我们今天依然可以做到，但10年或15年后就再也不可能了。

这一创新举措告诉我们，过去学习历史要借助书籍，或者加入校外考察旅行到博物馆观看墙上的画作，如今却更具互动性和深度，也比以往更让人有身临其境的感觉。

增强现实的旅行

除博物馆展览外，现在的人们拥有更为多样的方式去体验过去。

最早的例子是一款名为“街头博物馆”的软件，由伦敦博物馆在 6 年前首次发布。用户可以在软件中穿行伦敦街道，利用电子设备将画作等艺术品对应实际经过的景色和位置，了解城市过去的面貌。

类似的增强现实旅行还有“巴黎今昔”（Paris, Then and Now）软件，以及“PIVOT the World”软件，用户可以用手机游览哈佛校园，各种历史标记会讲述校园几百年来的故事。

旅游业各大品牌也在迅速采用增强现实技术。贝斯特韦斯特酒店集团引入了虚拟体验，顾客可以预览房间、设施和周围环境。2015 年，亚洲酒店品牌香格里拉宣布采用类似的技术，面向旅行社和会议策划人。

希尔顿、万豪和喜达屋（后面两个品牌最近合并了）都启动了增强现实试点项目。航空公司方面，联合航空和汉莎航空都利用虚拟现实技术展现机舱内景——澳洲航空则在飞行期间提供虚拟现实娱乐活动。

由于多个品牌的这些新尝试，德勤咨询在其研究虚拟现实行业现状的长篇报告中将2016年称为“试验之年”。但你可能会疑惑，这种种试验和“体验主义”有什么关系呢？

对体验进行分类的种种努力带来的一个意外效应就是，为将来创造大量的历史视频。所有试验都以视频为我们记录了今天的酒店、公共空间甚至机舱座位——在未来将成为有趣的视觉内容。也就是说，如果让这些品牌的拥有者来决定，这些东西都值得我们为未来保存储藏。

品牌的历史

期待那些目光短浅的公司为了品牌历史价值而自行维护内部档案，也许是痴心妄想。然而说到历史，越来越多的品牌正在效仿博物馆，开展项目讲述品牌故事，专注对过去的保存和重述。

当有着300多年历史的酱油品牌“龟甲万”委托露西·沃克（Lucy Walker）拍摄纪录短片讲述悠久的品牌历史时，许多怀疑者都质疑这一举动。该片名为《稳中求快》（Make Haste Slowly），长达24分钟。片长（和主题）都让评论家们怀疑其实用价值。说到底，谁会真的坐下来看一部讲述酱油历史的视频呢?

谈到这部影片时，摩根·史柏路克（Morgan Spurlock）[①]同样认为,大部分人不会兴致勃勃地去看一部关于酱油的影片，但他也指出“如果把它当作历史资料，就能发现伟大的故事”。

其他高瞻远瞩的品牌同样胸怀壮志，隐隐约约都希望将企业历史和宏大叙事结合起来。机车品牌哈雷戴维森最近在探索频道播放了一部三集连续短剧。三角洲航空公司正与StoryCorps[②]合作，采访顾客，捕捉员工的故事。法国白兰地厂商雷米·马丁（Rémy Martin）利用互动网站，让每个人都能在几分钟内领略其300年的品牌历史。

随着世界各地越来越多的营销团队将注意力从广告推销转向故事和内容——有着丰富历史故事的品牌正找到新的方法，利用背景故事吸引消费者。

多年来担任可口可乐总监的丽贝卡·梅西纳（Rebecca Messina）离开公司后，前往占边三得利公司担任首席市场官

① 史柏路克，导演，拍过《史上最卖座电影》，揭秘广告植入。——译者注

② StoryCorps是美国的一家非营利组织，通过记录、保存人们的对话，分享拥有不同背景和信仰的人的故事。——译者注

时说道，“正是借助可口可乐的历史档案，我才能创作出这些出色的品牌故事。吸引我（加入占边三得利公司）的是品牌背后的疯狂故事。如今的世界上，故事与真实比以往更为重要，我也找不到另一家在这方面更具优势的企业了”。

上任不久后接受《福布斯》（*Forbes*）采访时，她说自己的愿景就是选出占边三得利的标志性品牌——如占边、美格、拿破仑、山崎、白州、响（響）——并让历史故事重现生机。

随着我和更多的品牌一同将叙事元素应用到市场营销——我也更多地看到他们在拥抱品牌的历史。我们已经看到越来越多值得被纪念的运动，值得被保存的故事，在遥远的将来，它们将变得重要而迷人，向消费主义和品牌在人类历史上扮演的或好或坏的角色致敬。

未来的职业

“体验主义”这一趋势中最迷人的一点，就是它催生出崭新的职业道路和研究领域。以新近出现的“法证体系”（Forensic Architecture）为例，它把从普通手机视频片段到烟羽尺寸等一切事物整合起来，使人权争议和战时行动的场景得以再现。

这个全球空间领导机构简称“FA”,领导者是来自于伦敦大学金史密斯学院45岁的以色列教授埃亚·魏兹曼。他称自己选择的领域“并非冷冰冰的科学，而是肩负任务、积极忙碌、贴近人民的科学……人们的记忆会记录历史，小草、大树、空中的烟雾、混凝土都在记录。每种事物都在以多种方式记录着”。

因此，法证体系开辟了各种新道路，分析曾经分散在各处的资料档案，将它们整合起来，进而探明交战地带、难民危机和自然灾害的真实情况。这方面的研究报告常被检察官用以处理侵犯人权的案件。他们还描绘出罕见的历史图景，剔除那些历史赢家庆祝胜利、回望过去、书写民族故事时常有的偏见。

同具这一特点的运动还有“数字化保护”(Digital Conservation)，世界各地的团队正在迅速行动，将濒危古迹分门别类地加以保护，免遭大众旅游和崛起的极端武装势力的破坏。

Factum Arte 是一群“数字化保护者”，借助3D扫描仪和众多技术娴熟的年轻女性，在古迹永远消失前拍下照片。用项目领导人亚当·劳（Andam Lowe）的话来说，“我们的目标就是让1000个人每天拍摄1000张图。我们的想法就是记录数量众多的文化古迹。我们必须先行一步打下基础，记录岌岌可危的历史数据，同时加快脚步”。

类似的机构还有总部位于伦敦的ScanLAB工作室，他们利用3D技术勘测原本难以到达的地下世界，以数字化形式呈现出来。几个大学团队也正在探索实践“无人机勘测”，为那些人类无法到达或十分危险的地方绘制地形图。这些地图用途广泛，既可为探索沉船的考古学家指路，也可为大型演唱会规划人员疏散路线。

在前途光明的产业世界里，“法证体系”“数字化保护”“濒危古迹”和“无人机勘测”仅是其中几例，它们或多或少开创新的途径，封存我们对过去的认知。它们都象征着这一趋势带来的冲击：不仅冲击着我们对过去的理解，还推动许多人最终将这一潮流作为职业重心。

为何重要

由于本职工作就是推敲趋势，我有幸受邀参加了许多活动，见证并与创新者交流沟通，他们的工作很可能改变所在的行业。过去五年里，我最喜欢的活动之一就是“叙事的未来”，活动地址十分独特，位于纽约斯塔滕岛的不冻港文化中心。该活动聚集了一大批商界人士、创意艺术家、品牌代表人、技术专家和未来学家，在四天时间里探索商业人士、变革推动者和创意艺术家的叙事风格的演变。最近一次集会的主题之一，就是探讨有多少种推动着“体验主义”的技术和运动正在从根本上改变组织机构讲述故事和以沉浸式媒体技术——增强现实、虚拟现实和混合现实——与顾客建立联系的方式。这个活动给我最大的收获就是，如果恰当利用这些技术工具而不只是要要噱头，我们就将创造出强大的新媒体去表达观点、启发灵感、推动人们投入行动。

在过去一年里，我们对过往的自然迷恋，逐步转变为多方面探寻进而在各个层面上理解和保护过去。随着 3D 扫描仪和无人机等新技术开始和考古学、建筑学等支柱学科进行融合——全新的产业和商机正在涌现。相比以往，我们有了更多的方式通过社交媒体保存生活故事。沿着这一发展方向，我们每个人都会在现实和虚拟中领略世界的美丽，越来越多地体验和理解历史的新途径也会让我们受惠。历史正在焕发新颜，意味着我们终将获得更深的认识，而历史也将在我们当下生活中发挥更大的作用。

如何利用该趋势

√ **保存当下**——你可能不觉得自己每天重复的事情有何历史意义，值得保存——但对于那些花费时间精力保存当下的人，我们可以通过各种方式予以支持。对于他们保存的信息和创造的体验，我们只需做一个消费者和支持者。

√ **分享过去**——鉴赏过往经历的新工具越来越多，你当然可以在旅行中多加利用，将获得的体验分享给家人或旅客。这些工具能将旅途中的某个地方转变为奇妙的体验。

√ **记录员工故事**——除了讲述产品和企业历史，优秀员工故事同样可以拉近与消费者的距离，让优秀人才的招聘变得更加简单。这些故事还能展现组织机构的发展历程，对于公关工作、档案记录、文化知识、市场营销和员工培训都大有裨益。

中国相关性

体验主义

中国人说“饱暖思淫欲”，这也从一个侧面反映出：经济的发展必然会促进精神文化方面的需求。中国已成为世界第二大经济体，人们生活日益富足，于是在民族身份和文化认同方面的需求自然就会提高，人们自然就会将目光投向5000年中华历史和文化。

只是在科技飞速发展的今天，“保有过去”在中国同样已出现新的手段。例如雅昌、四维时代等公司，就已投入对中国传统艺术作品进行数据化保存的庞大工程。不仅古画被高精扫描存档，就连古玩文物也被360度扫描，形成3D高精文档，“以此让艺术抵御时间的遗忘”（雅昌文化集团董事长万捷语）。还有2015年百度公司发起的“See You Again，加德满都——百度全景尼泊尔古迹复原行动”。这个项目指在通过百度特有的全景技术，在网上“复原重建”被地震毁坏的文化遗产，在短时间内在数字空间里复原古迹供人游览。

趋势十一　智能替代（Robot Renaissance）

非显著之处何在？

越来越多的人将经历延长的成年初显期，他们在20~30岁专注于职业生涯和人生选择，结婚时间更晚，越来越多的技术和服务将自动接管他们走向成人路上的方方面面。

十多年前，心理学家杰弗里·詹森·阿内特（Jeffery Jensen Arnett）基于多年来对18~29岁年轻人的研究，在《成年初显期》一书中提出了一个生命周期的新阶段。我们通常接受的观点是，人到18岁就成年了，但阿内特却认为，晚婚普遍存在，职业和人生选择增多，并造成晚育，这些都将导致成年这一概念发生巨大转变。

心理学家琼·特文格（Jean Twenge）在新书《我这一代》（*Generation Me*）中同样研究了年轻人的态度和行为，探讨了年青一代的特权心态、信心与乐观精神。她特别写道“那种不断传达给年轻人的文化信息：只要有自信，就能获得想要的一切”。

特文格没有赞颂努力与专注，而是警告读者，这种片面灌输优越自信心的做法可能已经造成一些意外的后果。

社会学家理查德·阿鲁姆（Richard Arum）和乔斯巴·罗科萨（Josipa Roksa）也认同这一点，他们在《学海漂流》一书中指出，美国大多数大学过度关注学生的体验，而学术知识、严肃学问和工作技能却跟不上脚步。

《纽约时报》专栏作家大卫·布鲁克斯（David Brooks）在研究这一文化转变时总结道，“随着初显期成人从一份工作跳到另一份工作，从一段关系走入另一段关系，从一个城市来到另一个城市，他们必须弄清楚自己的哪些曲折是富有成效的探索，而哪些纯粹是浪费时间。这个问题让人们发自内心地困惑”。

然而，追寻这些问题的答案已经远远不是个人探索，它如今也是一个商机。2016年有更多的服务、产品和品牌涌现出来，帮助这些初显期成人找到他们在世界上的定位，过上想要的生活。各种创新举措已经将算法带入约会，帮助处理两性关系中的棘手问题，优化财务决策，提升谈判技巧，甚至实现烹调和家务自动化。

这就是“智能替代”的世界，任何从初显期走向独立和成年的人都将发现，许多新的技术和服务可以提升这一过程的体验。让我们来看看这些技术对生活和成年的四个重要方面的影响：工作、两性关系、财务和家居生活。

关系自动化

记者南希·乔·塞尔斯（Nancy Jo Sales）在《名利场》杂志上发表了一篇颇具争议的文章，预测说 Tinder[①] 之类的软件将带来“约会大灾难”，因为每个人都可以带着“性感 / 不性感”的思维方式浏览别人的照片，通过短信快速安排偶遇，寻找性伴侣。

抛开批评言论，每个人都认为，技术从根本上改变了人们约会和建立恋爱关系的方式。更有趣的是，两性关系管理中的各种错综复杂的方面也正在改变。

其中一个例子就是常被嘲弄的 Bro App 软件，它可以“将你的关系外包”，帮助男性用户自动给女朋友发短信，提醒她们自己的男朋友多爱她们（或者其他类似的浪漫短信）。

---

① Tinder 是美国的一款交友软件。——译者注

2015 年突然出现了许多同类型的关系管理软件，但不是那么极端，从记住他人生日到自动发送问候，还有极具创意的 IFTTT 软件可以让用户建立各种“方法”，触发多个软件的一系列行为。例如，其中一个方法是为沉迷于社交媒体的倒霉伴侣开发的，它提供了一个令人悲哀却又十分必要的功能：“女朋友发布新图片时就发送通知，让你及时去点赞，以免她生气。”

对于初显期成人而言，约会、恋爱和性爱是生活中一些最重要的部分。2016 年，约会和关系经营中错综复杂的细节出现了自动化，这将推动人们继续探索如何提升恋爱关系。自动化所影响的也不仅仅是恋爱。

家居自动化

烹调并不难，如果你没有自己动手的习惯。

在走向成年的路上，学会自己做饭往往是许多人的一道坎。当然，更简单的办法是经常到外面吃，根据食品协会 2015 年的一项研究，“千禧一代”的确是这么做的，每周在外面吃饭平均消费 50.75 美元。

为了鼓励人们更多地进行家庭烹饪（通常更便宜、更安全），几家成功的创业公司将配置好的食材和详尽的步骤说明寄到顾客家中，力求提升积极性，增强信心，提供指导。这种新型盒饭服务正在飞速发展，其中两个巨头是“蓝围裙”（Blue Apron，每月配餐约 300 万份）和“盘中餐”（Plated，每月配餐约 200 万份）。业内人士预测，按目前的普及率，半成品配餐的市场规模在未来十年里可能增长到 30 亿 ~50 亿美元。

除了这种类型的烹调自动化，其他家居领域甚至房屋本身也开始出现更多的自动化技术。例如，一家荷兰设计公司开发了一款厨房桌台投影屏，名为“蔬菜识别器”，可以自动识别放上台面的蔬菜，给出相应的菜谱建议。两位苹果公司前员工开发了一款智能烤箱，取名为“六月”（June），计划 2016 年年中上线售卖，其特点是可以通过集成软件远程调节温度和烹调时间。

创新不仅出现在厨房，也出现在家里的其他地方。鲁姆巴公司在真空吸尘机器人领域经营多年，承诺在未来一年里开创智能厕所、自洁玻璃、自动门锁和灯。未来有了自动化家具，你无须记得除尘打扫、锁门关灯——更不用说无须在没有详细指导和预切食材的情况下从零开始做一顿饭了。

这些便利不仅是给忙碌的现代职业人士预备的。如果你是初显期成人，可能一开始就无须学会做这些事情。

工作自动化

大多数专业人士每天会收到100~150封电子邮件，由此导致的压力和效率下降显而易见。电子邮件浪费我们的时间，但在大多数机构里却被归为“无可避免之灾祸”。

过去一年里，旧金山技术社区的新宠儿是一款被许多人称为“电子邮件杀手”的工具，专门用于帮助组织里的团队挽回一些浪费的时间。Slack是一个高效的软件内嵌工具，既是聊天软件，又是留言板。自2014年2月发布后，该工具使用量呈指数级增长，《时代》杂志的一位记者（也是Slack用户）发表了这番溢美之词：“和今天相比，从来没有哪一个时代，一款新工具会被更多的行业以更快的速度欣然接纳”。

将备受诟病的沟通工具进行自动化当然是一件乐事——但这仅仅象征着技术使得此前的繁杂工作更加易于处理。有几十个软件还可以指导劳动者与雇主谈判工资，或处理工作场所的沟通问题。语音输入软件越来越成熟，作者无须坐在电脑前就能将整个文档“打”出来。与此同时，自动纠错和实时拼写建议工具使得写作变得不再那么困难。

这一切自动化工具带来了什么影响？渐渐地，我们将看到，沟通、组织、协商、冲突解决及工作场所的其他多种长期培养的重要能力，将在自动化的帮助下获得提升——职场中的新人老人可以将更多的东西自动化，使得过去的习得行为和能力可以一点一滴地培养锤炼。

财务自动化

过去几年里，作家兼企业家拉米特·塞提（Ramit Sethi）一直在讲授如何独辟蹊径管理资产。他的网站“我教你变成有钱人”（以及相关的同名畅销书）主要分享了一种方法，任何人都可以借此重获财务自由，避免陷入（或进一步陷入）债务危机。他提供的技巧都经过了实践检验，从如何与信用卡公司协商降低相关费用，到如何实现财务自动化的一整套方法。

财务自动化意义重大。大多数消费者的财务体系中，很大一部分手续费归根结底是因为计划不周到。如果你持续跟踪账户现有存款，账单何时到期，哪些交易收取手续费，哪些不收，那么一年下来仅是不必要的手续费，你就能节省几百，有时甚至是几千美元。当然，说着容易做起来难——普通人往往会忘记付账单。

很明显，自动化就是解决方案。信用卡可以设置自动还款。最近发布的一款软件名为 Acorn，可以计算每天的消费总额，根据预先设定的储蓄目标，将额外的钱进行投资，实现储蓄自动化。人与人之间的支付手段也正在发生变革，Venmo 和 Paypal[①] 等软件服务简化了来回转账，还有许多软件可以实现聚餐分账、拼车费用结算等一系列功能。

甚至是交税这一人人畏惧的“成人礼”也自动化了，因为市面上流行的许多网上自助报税工具，如特波税务软件（TurboTax）和布洛克税务公司（H&R Block）的在线服务，都已经嵌入软件接口，技术发展很迅速，能对税务状况做出准确预测。

不仅如此，这些财务自动化工具还让初显期成人有了对自身财务的掌控感，更自信地做出短期或长期的多元财务选择——即使一系列工作可能全由算法执行，一旦完成设定便可抛诸脑后。

---

① Paypal 是全球众多用户使用的国际贸易支付工具，Venmo 是一个小额支付平台，让使用者更轻松地处理朋友间的金钱问题，如分账、出游支出等。——译者注

为何重要

过去十年里，随着揭秘和理解成年初显期，这一人生新阶段的相关研究变得更加深入，为二十几岁的人群服务的一系列新公司和新技术将持续发展。年轻人日渐依赖这些技术学习新技能，完成他们渴望通过外包提高效率的事情，甚至完善恋爱关系和职场生活，智能替代的确可以在未来成为现实。

谁该利用该趋势

任何品牌，如果希望与市场空间十分诱人的“千禧一代”建立持久联系，或者提高他们的品牌忠诚度，就都该思考“成年初显期”带来的影响。下一代年轻消费者希望技术能让生活的各个方面实现自动化，帮助他们更有效地利用时间。他们希望找到工作与生活的平衡，希望商家和雇主通过各种技术和流程提供这样的关怀。

如何利用该趋势

√ **重视成年初显期——**这个时期给某些行业带来一个最新的观点可能是：在青春期和成人期之间居然还有一个人格成长阶段。不管你是否采用成年初显期这个词，只要将它当成一个人格成长阶段来理解，就可能会改变你对待初显期成人的方式。他们渴望获得信息，需要支持也需要自动化工具，还会效忠那些认可并尊重这一成长阶段的公司。你的目标应该是成为这样的公司。

√ **烦琐步骤自动化——**如果说初显期成人对什么东西不耐烦的话，那肯定是毫无必要的烦琐步骤了。接触这个群体时，关键一点是专注于去除任何不必要的步骤或繁杂的要求，进而提供更好的服务。你要求他们提供的信息是否明显过多？他们真的需要纸质版而不是电子版材料吗？不管近期还是未来，想让“千禧一代”消费者满意，这些小细节影响重大。

中国相关性

智能替代

年轻人“智能替代”早已是一个世界性的现象（所以很多年前就有“Kidadult”——“大小孩”这个新词），这在中国亦不例外。今天各个年龄层次的人们都倾向于轻松、娱乐和“萌化”的社会文化，90后的年轻人更是沉浸在“二次元”和“异次元”的虚拟世界之中，寻求与现实世界压力的某种隔绝，似乎迟迟不愿变成那些成熟沉稳，承担生活重担的“成年人”。例如即使中国政府“放开二胎”的政策公布以来，也未见大批大城市的年轻人产生生育二孩的冲动——“养孩子太累了”，是这一代独生子女们的抱怨。

实际上“90后”这个概念在中国的受追捧程度远远高于西方。无数行业和企业都把年轻人作为产品、服务和营销的目标对象，试图赢取这些“未来的消费主力”，其中包括成功的小米和不成功的凡客。今天中国的年轻人，坐享科技进步和网络科技带来的便利，手指在手机屏幕上轻轻划动就能完成日常生活的种种任务——从购物到转账，从叫外卖到订机票。科技和商业为他们创造了一种“自动化”中的长大成人的环境，而沉浸在“自动化”的他们，也将形成一种不同的价值观。

趋势十二　技术隐形（Invisible Technology）

非显著之处何在？

技术越复杂，就越能预测需求、保护人类、发挥效用，也越发悄无声息地融入日常生活。

斯科特·詹森（Scott Jenson）自称是“软件行业中久经沙场的退伍老兵”。他曾就职于苹果公司，拥有20多项专利，如今在谷歌带领团队，专注于让日常物件能够向网络广播信息。这一工程简称“物理网络”（Physical Web），其宏大的宗旨就是让人们“行动起来，使用一切”。

从很多层面上看，“任何物件和位置都能广播内容”这一概念是物联网（IOT）必然带来的结果。物理网络和物联网的区别，在于物件和位置使用蓝牙低功耗（BLE）信号，通过蓝牙广播内容——而无须网络链接。

在传播该技术工作原理的过程中，詹森在用户界面设计师云集的多个活动中发表过主题演讲，而且他也喜欢讲故事。他最喜欢的一个故事回顾了汽车方向盘的历史演变，以及船只如何启发了早期的汽车设计。2014 年的一次活动中，他对一名观众说："第一批汽车发明出来时，引擎在车身后部……早期的方向盘也不是方向盘，而是舵柄。"

他以船舵作类比，讲述了我们接纳创新的过程。我们一开始创造的东西往往是基于已知事物，而不是性能最好的。只有当船舵的概念被方向盘取代时，汽车才开始声名大噪，充分发挥潜能。

"技术船舵"这一类比阐释了将新概念与旧有系统进行融合的问题，也说明了接口设计长期以来对于创新采纳曲线[①]的重要作用。随着技术的日益复杂，越来越擅长预测人类行为——技术设计的革命正在到来，新的接口相比以往将更加直观，往往会变得无声无息，真的可被称作"技术隐形"。

如何平衡技术与人性

屡获殊荣的瑞士工业设计师维斯·贝哈（Yves Béhar）认为，触屏界面的日子也许很快就会过去。在最近一次采访中，

---

① 创新采纳曲线用以描绘选用新产品的总人数与其产品开发后总时间的对比。——译者注

他谈到我们日益依赖智能手机。

> 智能手机是这个时代最伟大的技术奇迹……手机屏幕的沉浸感让我们难以抗拒。然而副作用也随之而来：持续的网络接入意味着我们不再需要去探索。我们在手机上就能看到一切。我们可以发短信，可以查看他人的社交媒体，而无须登门拜访。截至目前，这就是技术带领我们前进的方向——埋头看着手机，贪婪地吸收屏幕上的内容……我们知道出了问题。人性的缺失十分明显。我们也知道技术有巨大的潜力能够提升我们的生活体验，而不是将我们和世界隔离开。

那么，假设如贝哈所言，技术将提升我们的生活体验，那方法是什么呢？我们真的会抛开技术的干扰，跳过便利的社交媒体，亲自和他人见面吗？

越来越多的技术人员和设计师（贝哈是其中之一）认为，我们肯定会找到技术的平衡点——突破口也许就来自于技术设计本身。2017 年技术将继续演进，并将变得更加无声无息，简单易用，适合声控，并深度整合到我们的生活中。

我们即将进入技术隐形的时代，而看不见的东西似乎从来都不是那么好。用贝哈的话来说，技术转变可能是这样的：

> 由于人们在交流沟通和现场效果方面期待富有意义的体验，未来的屏幕将越来越少。这一转变不会导致信息减少。事实上，更多的信息将以微妙的方式进行传递，我们作为人也将进一步摆脱技术的干扰。这和我们在大自然中辨别事物没有多大不同：我们看着太阳，就能知道白天还有多长；我们感觉到微风，转身迎着风扫视地平线，就会发现暴风雨即将来临。

他特意描述的这一远景和他最新的项目有关，即 8 月智能锁 (August Smart Lock)——这款产品能够感知到人的靠近，自动打开房子门，无须任何界面交互。对于任何一个按键触发的用户界面，现在的公司都应该考虑研发这样的无屏交互。

预见性保护还在继续

2014 年，我读了《设计上瘾》(*Addicted by Design*）并写

了相关评论。该书讲的是人类学家娜塔莎·道·舒尔花了15年的时间，研究赌场和赌博机制造商如何制造机器诱使人们进入呆滞状态，即“机械地带”。一旦进入，“赌徒就不再想着赢钱，只想尽可能玩下去——即使精疲力竭，钱财尽失”。

赌博界对这样的批评并不陌生——但最近行业里的某些人却开始采取行动处理上瘾的问题，起因是一个有趣的问题：如果赌博机实际上能够阻止人们赌博上瘾，那会怎么样呢？

2015年，意大利布雷西亚大学的研究人员发现，那些损失惨重的网络赌客往往符合可预测的“锯齿波模式”。哈佛医学院精神病学家霍华德·沙夫带领的一个团队与在线赌博网站合作，利用其数据生成算法，“能够在人们即将变成问题赌徒时出手干预”。

这些算法能够拯救赌徒，也印证了我在2015年首次写下的趋势“预见性保护”。这一趋势探讨的是技术正以各种方式演进，越来越能保护我们免受各种伤害——从很受欢迎的谷歌“撤销发送”带来的小便利到其他正式应用，如银行用于自动监测信用卡诈骗的过滤器，可以保护用户免遭未经授权扣费。

未来一年里，更多赌博算法的例子将继续体现“预见性保护”这一趋势，而且在更广的层面上体现“技术隐形”对我们生活——以及整个社会——的价值。

自愈机器

2015年，皇家学会在伦敦举办的一场会议完美诠释了技术隐形的社会价值。会议期间，布里斯托大学的邓肯·沃斯教授带领的团队向人们展示了三年多来挑战极限的研究成果。

相关研究人员认为该项目“很科幻”，主要目标是生产具备自我修复能力的机翼。显然，这一需求的强烈程度远远超乎你的想象。飞机在正常飞行过程中，机翼和机身都会出现难以检测的微小裂缝。

打造这一自愈能力，涉及包括将空心“微球体”混入制作机翼的碳材料中的技术。这些微球体如粉末一般，在检测到裂缝时会顺势裂开，释放液体，硬化后便可“修复”机翼。

整个项目的灵感来源于人类躯体流血、结疤、自愈的过程。为什么不能生产具备同样功能的材料呢？

机翼也许仅是个开始。沃斯教授和他的团队正在考虑将研究成果应用到自行车头盔、手机屏幕上。

倘若你听说过自愈技术这一概念，也许2012年大受欢迎的一场TED演讲的100多万观众中，你就是其中之一。来自荷兰的“实验微观力学”领军人物埃里克·施兰根（Erik Schlangen）博士在演讲中介绍了使用“自愈沥青”建造未来公路。

演讲中，他将一块沥青敲成两半，并排放在工业微波炉中，观众可以看到它们神奇地重新连接。原理很简单：在传统的沥青生产用料中混入钢棉。加热时钢棉熔化，将沥青重新连接。

总的来说，这一系列的“自愈”创新完美展现了技术隐形的能力，它使得道路可以自动修复，机翼和机身的裂缝得以被神奇地修补，也许有一天我们身边所有的物件都能缓慢修复自身损坏的结构，无须人为干预——最后甚至无声无息，不为我们所知。

这些技术在经济领域意义深远。随着这一创新应用于医疗、制造甚至太空旅行等领域——下一个万亿美元的行业即将到来。

智慧城市

《快公司》（*Fast Company*）杂志每年都会发布“全球最智

慧城市”的名单，将62个指标综合起来，指出全球最具前瞻性的城市。每年总会有一些顶尖城市位列名单榜首，包括巴塞罗那、新加坡、哥本哈根和赫尔辛基。

你可能以为每个榜上有名的城市都是靠采用技术提升市民连通性,但这一排名实际上考量了一系列似乎毫不相关的标准，例如共享单车的数量，每年公民参与活动的次数等。作为智慧城市的一部分，技术已经开始退到幕后，人们逐渐意识到，技术越隐形——在后台无声运转，让我们更愉快、更健康、更安全，也更具移动性——越好。

在《快公司》杂志最近一次汇总智慧城市的名单中，在报名参与城市战略家博伊德·科恩评选的“自适应城市”名单中，新加坡名列前茅，其大胆的“智能新加坡”战略尽显雄心壮志，计划使用技术“感知”城市，将实时信息无声无息地送到政府和市民手里。

当被问及新加坡关于“世界为何需要智慧城市”的远景时，苏黎世联邦理工学院未来城市实验室的领导人格哈德·施米特（Gerhand Schmitt）说道：

“智慧”一词已被许多城市使用，但仅限于技术指标——传感器输入、控制系统、应用软件。我们需要自适应的城市——这是以人为本的做法，即市民可以将城市运作的信息反馈给管理人员……市民应该参与城市的设计。技术只会拓展并协助人类的感觉器官。

随着智慧城市继续演进，技术与环境无缝对接逐渐成为我们的首要关注点。使用技术和发展技术是不够的。越来越多的人意识到，我们还需要推陈出新，找到平衡点，既将复杂技术融入生活，又让技术趋于隐形，不对生活产生干扰。

零用户界面和超声波触觉

人们对技术入侵最明显的恐惧就是在日常生活中使用的大量屏幕。电视屏幕将我们拴在家里。手机屏幕则让我们的注意力从眼前的生活移开。人们清楚地认识到过度使用技术的各种弊病，这通常会牵涉至少一块屏幕。

本章前面已经说到——设计师维斯·贝哈对于如何开发适应人类生活的技术有着不同的看法。他追求废除屏幕并代之以感知体验，这正是“零用户界面”（Zero UI）运动的核心。这场运动被誉为各种创新的主要推力：从亚马逊发布室内声控Echo设备到苹果Siri或微软Cortana等语音助手。

虽然“零用户界面”依然受到网络和手机体验设计师的欢迎,但涉及其他类型的体验时——触觉界面还是有用的。然而,这并不意味着实实在在的屏幕。

汤姆·卡特（Tom Carter）是布里斯托尔一家创业公司“超声波触感”（Ultrahaptics）的共同创始人，该公司开创了一种技术，利用一系列的扩音器产生“超声波”，经算法解码后可在空中产生触感，无须任何接触。汽车制造商捷豹已经注册获得了该技术的早期授权，计划最终为汽车用户提供非触摸式仪表盘。

尤其是谈到汽车制造商时，从停车助手到自动刹车，短期内融入汽车驾驶的技术正趋于隐形，即使司机越来越依赖这一技术。

与此同时，自动驾驶汽车的出现将激发“技术隐形”的更多创新，让我们使用的产品和设备更加安全。

许多迹象表明，这一“技术隐形”很可能统治我们同样熟悉的另一领域：服装。

麻省理工学院的第二皮肤和可穿戴技术

麻省理工学院研究人员最近发布了一款实用的文身，用户在其表面滑动即可控制智能手机或其他设备。可穿戴技术的快速演进不是很花哨，却前景十足，从仅用于时装表演的概念服装的昂贵概念，变成某些高瞻远瞩的品牌应用的非显著趋势。

许多运动服装品牌，包括安德玛和耐克，已经宣布计划在服装里嵌入可穿戴技术。创业公司为推动“可穿戴技术”（Wearable Technologies）而开展了“粉丝运动衫”活动，粉丝们可以在游戏中通过汗衫感受触觉振动。

这样的例子不胜枚举，初创鞋业公司 Thesis Couture 在 2015 年里兴风作浪，因为美国太空探索技术公司的人才总监多利・辛格将一位火箭科学家、一位整形外科医生、一位机械工程师和一位意大利鞋匠聚集起来，“重新设计细高跟女鞋”。样板鞋首发限量 1500 双，申购人数超过 10000 人。

除了服装和文身，我的研究还表明，2017 年一些公司将把这些创新者聚集起来，开发出时尚行业能够轻松改装重组的纺织品。

2015 年，谷歌的“提花机”（Jacquard）项目致力于研发新型的可导电纱线，并与李维斯于2016年5月合作发布了一款原版夹克衫，名为“Commuter X”。该项目的远景是为时尚行业创造空白的画板，设计师可以利用任何织物，在设计中加入新功能，而无须了解电子工程。

正是智能技术与非技术专家在设计行业的无缝应用产生的交叉作用，将催生可穿戴技术的伟大革新。随着我们的服装变得更加智能，技术隐形将悄无声息地融入夹克衫的袖子或纽扣，（至少在初期）带来魔术般的体验。真正的创新都应该是这样的。

为何重要

多年来，技术和用户界面设计领域面临的挑战，就是使之更直观并以人为中心。例如，几十年来，可用性专家一直努力优化网站。触摸式屏幕在过去的十年里涌现并被广泛应用，成为智能手机操作、杂货店自助结账等各个领域中更好的选择。2017年，随着使用智能自动化、人工智能和语音控制技术设备的崛起，将拓宽技术隐形的应用领域，也推进这一趋势——界面设计变得越来越直观，更有预见性，无须人为干预便能自主运转。

如何利用该趋势

√ **收集人类需求**——技术若想具备真正的洞察力，就需要深入理解人类行为。对于任何组织和领导者而言，这意味着收集和应用人类需求比以往更加重要。当汽车实现自动驾驶，人类还需要方向盘来放松情绪吗——即使有方向盘其实也并没有用。技术隐形在未来面对的挑战将不仅是让技术发挥作用。每一家公司在设计产品、提供体验时，都必须聘请专家确保技术隐形被目标客户所接受。

√ **展现工作情况**——随着技术逐步隐形，我注意到出现的挑战之一就是该建立哪种类型的反馈机制，告诉我们技术的运作情况是否符合预期。技术隐形是否被接受，反馈环路很关键——尤其是在生死攸关的应用场景中。

中国相关性

技术隐形

全球科技发展的趋势正在走向数字化、移动化和“小型化”，中国这样一个热衷于技术革新的国家，自然已深深浸入了“看不见”的互联网和智能的热潮之中。实际上早在五年前，威汉即已帮助思科公司在中国推广“万物互联”的概念，获得市场的强烈反响。与此同时，我们也看到IBM公司（国际商业机器公司）在中国与政府一道推动“智慧城市”的建设。“智能电网”“智能交通”等都是受到广泛关注的热词。

在人们日常生活中，智能手机让我们尽享网络技术、应用和移动通讯所带来的便利。实际上新兴的架构于庞大社交网络基础上的手机地图、移动支付等应用，使中国走在了世界的前列。在威汉服务的客户中，就有健康管理公司将微型可穿戴式设备介绍给中国消费者，随时随地、“无形”地监测身体的健康指标；也有地产公司将物联网技术应用于物业服务，把小区内几十万件设备贴上“数字身份标签”并进行实时联网管理。在越来越多“看不见”的角落里，技术正在改变中国。

趋势十三　数据自省（Self-aware Data）

非显著之处何在？

人工智能和性能更佳的传感器结合在一起，使得数据不再依赖于人工分析，而能富有预见性地进行自我组织，深入分析，往往还能在人类较少干预或完全独立的情况下得出可行的结论。

丹尼斯·阿柏·索伦森（Dennis Abo Sφrensen）能将握在手里的木头和橘子区分开，这件事不止表面上那么简单。

2014 年，这位来自丹麦的 36 岁男子在火灾中失去左手，接上了历史上首个能够感知掌中物体质地和形状的仿生手臂。这种类型的医学奇迹常常是环球新闻的好素材，读者的兴趣也会持续一小段时间，但对我们的生活似乎意义甚微。

不过，我们可以思考一下植入仿生手臂的技术，它使用户能够感觉到掌中两个物体的区别。指尖传感器产生的电信号会被手臂转换为一系列类似于病人神经系统语言的电尖峰脉冲。

手臂以这种方式和病人“交谈”，病人也轻松得到信息。这就是“数据自省”的力量，它远远不止是仿生手臂。

人们往往将数据视为输入来源，用以分析得出结论——但分析过程往往由人来完成。随着算法和人工智能复杂度的新进展持续催生更多的实时分析，我们正在进入这样一个世界：数据能够独立完成从输入到结论再到行动的全过程。

如此一来，从农业到银行，许多行业都越来越依赖这种数据自省。随数据而来的结论马上就能使用，而无须分析原始数据以待后期量化研究。为了证明这一点，让我们先从金融业开始深入了解这一切。

机器人顾问和金融业务

2006 年，金融服务界的热门话题之一就是“机器人顾问”的崛起——这些全自动投资经理能够根据投资人的资产组合，遵循预先设定的标准开展业务。

理论上，机器人顾问似乎是更好的选择，因为它们能快速做出更客观的决定，不会受股市短期暴跌或某些行业激励的影响。

根据最近的一次审计研究，“最常见的顾问（包括在银行或零售券商上班的顾问）往往以自身而非客户的最大经济利益为出发点引导客户购买产品。这些顾问需要收取客户资产的1%~2%作为年费，而机器人顾问只需要0.25%~0.5%——这一差别的累积会造成上万美元的财富流失”。我在自己的《喜好经济学》（*Likeonomics*）一书中谈到“可信赖的顾问要具备什么”时，就讨论了这一话题。

投资审计中常出现另一番景象，主动式管理基金[①]的表现往往逊色于被动式管理基金。统计数字指向一个悖论：你的顾问越是亲自干涉，越是积极管理你的资产——通常来说你挣的钱就越少。

事实上，顾问机器人作用巨大，大量的金融顾问已经在资产管理中得到应用。这就是工作场所出现的非显著的“数据自省”趋势，潜在金融交易全部通过数据进行分析量化，交易完成后提交报告，而人则扮演辅助角色，负责向投资人解释机器的举动，调节投资对话中的情绪。

这一投资模式尤其受到年轻人的青睐。根据2016年J. D.

---

① 主动式管理基金指基于信息优势并独立判断进行投资的基金；被动式管理基金一般选取特定的指数成份股作为投资对象，不主动寻求超越市场的表现，而是试图复制指数的表现。——译者注

Power[1] 在加拿大进行的投资人满意度调查，“生于 1982~1994 年的加拿大人中，2/3（66%）的人表示对金融服务提供商可能提供的机器人建议感兴趣，这一比例在所有投资人中为 54%”。

BI Intelligence[2] 高级研究分析师萨拉·珂奇安斯基（Sarah Kocianski）发布了一篇关于机器人顾问的详尽报告，指出“各个资产阶层的消费者都接受机器人顾问——包括富裕阶层……机器人顾问管理的资产大部分将来自有投资历史的人”。

史考特证券公司最近一项研究发现，超过九成的注册投资顾问（RIA）认为在未来两年，机器人顾问在金融业的应用将更加普遍。

嘉信理财、贝莱德集团、富达国际和美国银行正在采用这一方法，各自开展行动将机器人顾问纳入整个服务体系之中。

---

① J.D. Power 是美国麦格希金融集团旗下品牌，提供客户满意度、绩效改善等方面的洞察和解决方案。——译者注

② BI Intelligence 是美国知名科技媒体“商业内幕”（Business Insider）旗下的市场研究机构。——译者注

数据自省如何改变农业

陶锐研究公司指出，过去一年，接近100颗商用地球观测卫星投入运行轨道，相比三年前增长了10倍。据估计，这些“纳米卫星”（大部分小到可以装进鞋盒里）集合起来，能够全天候地拍摄地球上的每一寸土地。

对某些人而言，这种“空中人”监视的前景似乎有些恐怖——但对于新墨西哥州的笛卡尔农业实验室来说，这些卫星图像却恰恰提供了他们所需的大数据，足以变革世界上最大的产业之一——农业。

笛卡尔农业实验室只有20名员工，宣称能以99%的精确度在年中预测全年粮食产量。美国农业部以往在10月玉米收割前一个月要派人调查成千上万的农场，相比之下，笛卡尔公司用算法就做到了。

“我们技术的强大之处就在于，过去你得和美国许多农场主对话，获得农业部收集的那种数据，”笛卡尔公司创始人马克·约翰逊（Mark Johnson）说，“有了机器学习技术……我们只要看着卫星发来的大量图片，就能了解作物生长的情况。”

笛卡尔公司已经计划采用同样的方法开发性能更强大的算

法，不仅跟踪美国的玉米，还要覆盖其他区域，如巴西、阿根廷、中国和欧盟。

在农业领域，笛卡尔公司和其他更大的公司正在推动“数据自省”，将理解卫星数据的过程自动化，再把结论提供给业内人士，使其快速投入应用。

如果你认为农业依然是传统行业，农村还在拨号上网，排斥新技术，那你就大错特错了。数字农业以及实时天气更新、粮食产量预测等各个领域的技术应用，在农村已经司空见惯。

例如，“三角洲无人机”（Delta Drone）是一家法国无人机生产商，也是开发农业（以及其他许多行业，包括采矿、建筑、交通和零售业）无人机的领导者之一。然而按照定义，无人机是远程控制的——通常由人控制。如果无人机能够根据收集的数据决定飞行轨迹，如果无人机能够使用“数据自省”，会发生什么呢？

这一切正逐渐成为现实——这要归功于三角洲无人机公司与威普罗技术咨询公司的合作，使得每天产生的大量数据（往往超过 15000 张图片）能够被实时分析处理，快速做出优化决策。

此外，那些远见卓识的农场主甚至相互分享数据，做出预测，促进业务发展。例如，“农场业务网”（Farmers Business Network）是美国的一个组织，其中的2500个农场主和800万英亩农田共享着各种信息，从种子和化肥的价格（以防被孟山都之类的种子供应商进行价格欺诈）到粮食产量数据。

这些数据也被导入到农场设备中。卫星图像可用于指导拖拉机，而分析某块地的历史产量也有助于提升亩产、降低成本。通过各种软件可以进行天气预报、土壤检测以及其他检测，所有数据无缝对接到实时应用——这些工作有时则由农业机械完成（例如与卫星相连的拖拉机以及日益用于跟踪天气变化、喷洒农药的天气无人机）。

农业领域的某些巨头已经察觉到了变化，正在利用这一趋势，大力投资所谓的“农业科技”解决方案。孟山都投资了几家创业公司，涵盖了从监控用水量的电子设备到提供农场管理软件等各个领域。和陶氏化学合并的杜邦公司也正在推广农场管理软件Encirca。

所有这些技术投资表明我们已经进入了这样一个世界：从栽培植株到收割粮食，各种复杂的操作决策都交给智能数据，而农场主则站在中央位置，将更多的时间用于监督工作。类似程度的自动化也被应用于制造业——人们常常用一个展望未来的有趣词汇进行描述。

工业 4.0

“工业 4.0”的概念首先起源于德国，描绘制造方法的逐渐转变。包括巴斯夫、博世、戴姆勒、德国电信、克洛克纳和通快在内的知名品牌都使用这一概念。

工业 1.0 由水和蒸汽驱动，工业 2.0 由电力驱动（并带来了流水作业线和大规模生产），工业 3.0 的驱动力则来自于计算机和自动化的起步——机器人和机械开始取代人工。

目前，“工业 4.0”的定义和远景是计算机与自动化一同利用机器学习和算法来管理工厂，几乎无须人工操作。这有时也被称为“智能工厂”——这一潜在的转变正在革新整个制造业，它主要基于数据自省的应用。

一个工厂、一套系统要称得上工业 4.0，通常必须达到一系列的要求。最重要的是必须使用“分散决策机制”。换句话说，工厂必须使用智能数据使得信息物理系统能够自行做出简单决策，实现最大限度的自主运转。这已经成为全球制造业的重中之重。

2015 年，普华永道咨询公司调查了 26 个国家的 2000 多家公司，覆盖十几个工业生产领域，包括航空、汽车和电子等。在这次工业 4.0 环球调查中，1/3 的被调查者表示其公司已经达到不同程度的一体化和数字化，72% 的被调查者希望 2020 年前就实现工业 4.0。

此次研究中，被调查者提到在建立分析能力过程中最常见的困难是“缺少指挥机器进行分析的专业人才”。工业 4.0 创造了海量的数据，但需要过滤才能得到用于指挥行动的结论。在最先进的技术条件下，工厂能够自动完成这一切——通过数据自省来避免原料短缺、加速流程、减少用时和发现用料浪费，实现工业 4.0 的展望。

此举前途光明，受到世界各个制造业大国的热捧，包括中国、日本、美国和北欧国家。通用电气公司董事长杰夫·伊梅尔特（Jeff Immelt）和西门子首席执行官乔·凯瑟尔（Joe Keser）在采访中宣称，工业 4.0 是未来取得成功的首要任务。辛辛那提市长约翰·克兰利（John Cranley）为了帮助工业界理解工业 4.0 的影响，甚至签署了一份公告，要“将辛辛那提打造成为工业 4.0 示范城市”。

在公告之外，瑞士阿西布朗勃法瑞公司已经将这些技术应用到奥地利水泥窑中。计算机系统模仿“理想”操作员的一举一动，利用实时参数调整给料量、燃料流量和风机与防火阀的位置。这一开创性做法初步带来了 5% 的效率提升，这对于阿西布朗勃法瑞公司的业务而言，至少增加了几千万美元的利润。

为何重要

能够被收集和分析的数据量剧增，消费者和商家的期待正在升温：数据有什么价值，应该以多快的速度对数据进行分析利用。几年前我首次将数据列为趋势时，我记得自己写到了三种未得到重视的数据：大数据（各个公司从你身上收集的）、开放数据（政府收集后公开分享的）和小数据（消费者从自身收集的）。当时我认为释放小数据的能量是关键，因为它们才最能够拉近企业和消费者的距离。

谈到数据自省，它包括上述三个类别的数据——契机就在于开发合适的分析工具，培养非显著的数据管理能力，迅速提取数据的含义，无须人工干预。随着这一趋势的持续推进，我们看到全球各地涌现出了越来越多的创举，将自省能力建构在数据之上，使之更具意义，能够实时自我分析并指导实践，与此同时又不会影响顾客体验。

如何利用该趋势

√ **测试自动化数据**——随着越来越多的数据得到实时分析，转变为理想的数据自省，我们可能会遇到某些挑战：这些数据该如何进行分析，又能得出什么结论，而人类的参与在什么地方又必不可少（不论是出于道德或经济考量，还是为了控制风险）。

√ **注意那些流行的新产品**——对市场上崭露头角、获得广泛认可的产品进行跟踪十分重要。例如，随着越来越多的人在家里放置 Nest① 之类的恒温器，我们可能会有更多机会和人们讲解节能。如果这是你的业务范围，消费者对该类型产品的认可将带来新的契机。同样地，可能某些尖端新产品已经影响到你的行业，所以要确保找到正确的方法做好准备。

① Nest 恒温器是美国 Nest Lab 智能家居设备商推出的具有自我学习功能的智能温控装置。

中国相关性

数据自省

互联网公司都知道，任何应用都需要真正能做到最好的用户体验，给消费者最好的产品和服务，才能够让用户尝试，才能够增加产品的黏度。有了好的用户体验，这些公司就会通过每一个用户的体验，收获他们的信息：包括如何用、何时用、使用频率、用了什么、哪里用、用了多久等。比如说，只要你是一点资讯、网易、搜狐、头条新闻的注册用户，这些公司就能够通过你的喜好，推送到最适合你的信息；微信平台可以通过你的浏览经验，推送最适合你的朋友圈广告；假如你是小米的注册用户，小米可以知道你的使用经验、你用什么 APP（应用程序）、你的浏览行为，从而推测到你所在的城市、你的性别、你的身份、你的职业、你的家庭角色等。

这些数据，会自动优化，让互联网公司、数码平台和品牌，都能精准地把适合消费者的推广信息，通过创意的传播到达他们的手机，把推广的浪费降到最低。有一个例子，就是小米手机与麦当劳的合作。小米能够通过感应，获知用户的电量；假如一个消费者电量过低，就会收到一个信息，并且指示最近的一家麦当劳的位置，让消费者可以拿手机去免费充电，同时可以以优惠价享用一个“充电包”。这就是数据驱动营销的典范，现在的互联网公司，已经可以在消费者察觉不到的情况下，获知消费者的需求，并且满足他们的需求。

趋势十四　虚拟同理心（Virtual Empathy）

非显著之处何在？

随着虚拟现实成本下降、质量提升，开发人员得以创造更具沉浸感的体验，人们也从新的视角看待世界——同时培养同理心。

虚拟现实即将带来产业革新，如果无法接受这一令人窒息的事实，那么阅读任何娱乐产业前景预测都将十分困难。在最近一次采访中，20 世纪福克斯集团家庭娱乐部董事长迈克·邓恩（Mike Dunn）恰到好处地阐释了这一点。他说：“虚拟现实不是什么小玩意，也不是电影市场的补充，而是福克斯家庭娱乐部的头等大事。”

邓恩这番话也许过于乐观，但过去一年里，种种迹象表明虚拟现实的广泛应用就在眼前，甚至可能成为主流。

2015年年中，谷歌发布“纸板”（Cardboard）设备后，消费者利用硬纸板制成的简单观影装置便能通过智能手机粗略体验虚拟现实。几个月后，三星发布了首台消费类虚拟现实头盔Gear，价格亲民，不到100美元，可搭配现有的三星手机使用。

Oculus Rift（一款头戴式显示器）是虚拟现实领军者，2014年以20亿美元估值被Facebook（脸书）收购，继续引领新式内容体验，助推福克斯、狮门、三星等品牌。

看到这些投资，我们容易认为虚拟现实不过是某种可能改变人类娱乐方式的技术——它也的确能够改变。然而虚拟现实更广泛的影响却更为人性化。当大众能够轻而易举地通过技术体验他人的世界时——同理心就更容易触发。

不止一个技术爱好者认为，虚拟现实是世界上触发同理心的最有效工具，可能帮助我们理解和自身不同的人，同情世界各地陷入贫穷和战乱的人，进一步感恩和保护自然环境，甚至让我们变得更加完善。听起来像是做梦？在这里，我们将看到虚拟现实的这些美好幻想在多大程度上已经逐渐成为现实。

砍下森林里一棵树，你会节约用纸吗

在斯坦福大学人类虚拟互动实验室，一个世界顶尖的研究团队在探索虚拟现实如何影响人类行为的过程中获得惊人发现。实验室主任杰里米·拜伦森（Jeremy Bailenson）认为，“我们正在进入一个前所未有的时代，人们可以转变自身角色，体验动画师创造的一切事物”。这些体验已经出现意料之外的变化。

例如在一次实验中，拜伦森和团队邀请参与者戴上头盔，手脚并用，四处爬行，模拟器创造出的虚拟镜像会让参与者感觉自己是一头牛。该研究提出了一个有趣的问题，“如果了解一头牛的感受，你会减少吃肉吗”？

为了找到答案，研究人员用棍子戳刺参与者，让他们在虚拟现实头盔中体验牛被赶入屠宰场时的相同待遇。实验过后，一位参与者总结了这番体验，写道：“我适应装置之后就开始感觉自己是头牛。我的确感觉自己最后要进入屠宰场，面对死亡。我（作为一头牛）很难过。棍子最后打过来的时候，我真的很难过。”

拜伦森最初的目的可不是将人们改造成素食主义者，或者培养人们对牛的同情，他感兴趣的不过是想知道体验虚拟情景是否足以改变人们的现实行为。

无论是他设计的哪个实验，答案都是一样。看到自己65岁时的形象会刺激你增加养老储蓄吗？会的。通过虚拟技术砍倒一棵树（听着树倒下的声音）会让你减少用纸吗？会的。

他的团队研究结论意义重大。人类通过沉浸式虚拟现实体验可以提升对他人、动物和环境的同理心。如果这些震撼人心的体验所展现的世界是我们往常没有目睹的，情况就更是如此。

沉浸式新闻的崛起

在2015年2月的达沃斯世界经济论坛上，120多位首席外交官耐心排队，等着戴上三星Gear虚拟现实头盔，亲身体验战区情况。他们等待观看的实际上是由电影制片人、虚拟现实先锋克里斯·米尔克（Chris Milk）和联合国高级顾问、自称“官僚忍者”的加博·阿罗拉（Gabo Arora）共同拍摄的“影片”。

自从 U2 乐队吉他手 The Edge 在一次唱片发布聚会上首次介绍两人认识后，他们很快便计划合作拍摄一部 8 分钟短片，名为《锡德拉湾上的云》（*Clouds Over Sidra*）。该片带领观众从 12 岁女孩的视角观看世界，进一步理解叙利亚难民危机。这个女孩名为锡德拉，与 8 万名难民一同生活在约旦的扎塔利难民营。

类似的种种行动正逐渐引发一场新闻复兴，也就是许多人开始谈到的“沉浸式新闻”——记者通过这一全新的方式，结合调查性报道和真切的人道主义精神，讲述边缘人群不为人知的困境。

2015 年还有其他影片可以带你了解性犯罪施暴者的感受［电影《聚会》（*The party*）］，获得交换性别的奇妙体验（“转换身体的机器”项目），甚至参加虚拟现实商务谈判，同时扮演双方角色，体会同理心在有效谈判中的重要性（相关项目由哈佛大学开展）。

《纽约时报》甚至还利用谷歌纸板开展了一项大规模实验，将纸板头盔邮寄给报纸订阅人，邀请他们下载一款定制软件，“体验全球各地多个深度沉浸场景”。

除了沉浸式新闻和要闻报道，虚拟现实同样正在改变我们提供高质量医疗服务的方式，改变商业世界中同理心的作用。

医疗同理心

2005 年，阿尔伯特・里佐（Albert Rizzo）教授首次开发了一款虚拟现实软件，帮助士兵体验创伤后应激障碍[①] 的各种症状，但设备本身是个问题。当时使用的虚拟现实头盔单价接近 1600 美元。如今，成本已经大大降低，因为三星 Gear 等虚拟现实头盔可以利用手机内置的陀螺仪和加速计，相应的费用已经包含在手机里。

里佐博士和越来越多的临床医生与医疗专家都相信，既然成本已经不是最大的障碍，虚拟现实技术将从根本上颠覆现今医疗服务的许多方面。

多种迹象表明，他们的想法正在逐步实现。罗耀拉大学正在利用虚拟现实技术测试一款名为“冰雪世界”（Snow World）的游戏，烧伤病人在接受皮肤伸展疗法等极度痛苦的

① 创伤后应激障碍（PTSD）是指个体经历、目睹或遭遇一个或多个涉及自身或他人的实际死亡，或受到死亡的威胁，或严重受伤，或躯体完整性受到威胁后所导致的个体延迟出现和持续存在的精神障碍。——译者注

治疗时，可以玩这款智力游戏，朝企鹅和雪人发射雪球。

在旧金山，一家名为Psious的虚拟现实创业公司正在开创一种基于虚拟现实的新型暴露疗法，帮助人们克服各种恐惧——从公众演讲到飞行焦虑症。研究人员也在运用同样的方法帮助自闭症儿童更轻松地掌握社交语言，学会互动。

对于医疗服务提供方，如今的医学学生，如实习外科和牙科医生，也能通过虚拟仿真仪器学习操练各种技术——甚至还能在安全的学习环境中处理棘手的并发症，甚至从病人的视角观看医疗过程。

其他行业也正在测试虚拟现实技术，挖掘新的价值。

未来的小组座谈

小组座谈（Focus Group）是由一个经过训练的主持人以一种无结构的自然的形式与一个小组的被调查者交谈，主持人负责组织讨论。小组座谈法的主要目的是通过倾听一组从调研者所要研究的目标市场中选择来的被调查者的意见，从而获取对一些有关问题的深入了解。这种方法的价值在于常常可以从自由进行的小组讨论中得到一些意想不到的发现。

过去的15年，福特汽车公司一直默默地利用虚拟现实技术进行汽车设计和测试。福特技术专家伊丽莎白·巴伦（Elizabeth Baron）接受《福布斯》采访时讲解道，“我们想要知道消费者对汽车品质的评价。我们希望在实际生产汽车之前就能看到车型和相应的设计，就能亲身体验。”据巴伦预测，过去一年里已经利用该技术测试了193种虚拟车辆模型的135000多个技术细节，包括照明、方位和车型等。

2016年1月的底特律汽车展上，福特公布了新GT跑车的相关计划——这是一款最高时速达200英里（约322千米）的“超级跑车”，旨在挑战国外顶级汽车制造商，如法拉利和麦克拉伦。这是保密运营的福特高性能团队（Ford Performance）的早期项目之一，这个小团队的工程师和设计师在福特密歇根州迪尔伯恩总部拥有独立的工作场所。汽车设计的大部分早期概念和人车互动研究过程，主要通过虚拟现实技术实现。

在商业领域，这种类型的模拟仿真变得十分常见，通过虚拟现实技术可以切实体会真人与造价高昂的建筑之间的互动。其中一个例子就是一家名为Third Fate的虚拟现实工作室——2015年开创了一种专门服务建筑师和客户、便于两者对接的模式，可以创建虚拟现实空间透视图，在建筑动工前进行规划研究。

虚拟现实软件公司 WorldViz 拥有一个备受欢迎的平台，可供企业创造这种类型的空间和产品透视图。许多建筑师和设计师利用该公司的虚拟现实软件开发平台 Vizard 进行空间想象，为油气行业工人创造安全设备维护的训练场景，甚至让外科医生和护士可以在医院病房建造前挑出设计毛病。在空间设计中，上述几个例子都使得专业人员能够站在最终用户的角度思考问题，实时收集用户输入，增强设计实用性。

除了空间和产品设计，虚拟现实技术也开始逐渐走入商业领域中的社交环节。在一些新项目的帮助下，公司主管可以将虚拟现实技术应用到招聘和面试流程。有的项目则利用虚拟现实头盔增进分散的团队成员之间的合作与理解，甚至帮助员工培养同理心，理解不同的观点，提高人际沟通的能力。

为何重要

随着 Oculus Rift、三星和其他市场挑战者不断引入更多使用方便、价格低廉的设备，虚拟现实技术将继续为我们提供更多的途径摆脱自身局限，从另一个角度体验世界。娱乐和游戏可能依然会是大众眼光和兴奋点的最大归属，但虚拟现实之所以颠覆世界，依然在于它让我们每个人相比以往能以同理心对待更多的人和事。最起码，2016 年我们享受了更多的沉浸式娱乐体验。更有望的是，虚拟现实的发展有可能让我们在这个过程中变得更加完善。

谁该利用该趋势

如果你所在的公司规模很小，也没有自己的秘密实验室，那么使用虚拟现实来培育同理心的趋势可能只是美妙的空中楼阁。虽然利用虚拟现实仿真技术对建筑规划、汽车设计进行原型测试是较为极端的例子，但这一趋势的用途并不仅限于创新模型分析。这一技术最强大、最具颠覆性的影响就在于它促使我们摆脱自身偏见和险隘的世界观。

说到底，任何一家公司，如果希望鼓励员工扩大狭窄的行业视野，进一步从顾客的角度思考问题，或者仅仅希望给员工一个机会敞开思维接纳创新想法，就都能从虚拟现实中获益。幸运的是，已经有许多为虚拟现实体验打造的新项目、新工具，你无须自己动手。虽然现今许多虚拟现实产品都是为娱乐业服务，但其提供的经验却可被用于各个商业领域……不远的将来会有更多具体的项目，让同理心更多地出现在各个商业环节中，如招聘、解雇、谈判、销售等。

如何利用该趋势

√ **投资建立自己的虚拟现实微型实验室**——提到“实验室”这个词，人们脑海里浮现的画面往往是科学家们在造价昂贵、环境整洁的房间里忙来忙去。但如今，最少只需投资500~1000美元，你就能购买一系列新奇有趣的设备进行实验，鼓励团队成员共同参与。新技术的价值往往在于激发各种创意，在原有行业中开创新的业务路径。至少，把玩新式高科技玩具可以为寻常的一天增添活力与刺激，这一点人们总是喜欢的。

√ **将亲自试验“真正的”虚拟现实技术作为首要任务**——除了把玩功能有限的家用小型虚拟现实设备，还有许多全面展现虚拟现实功能的新设备，它们出现在大城市的联合办公区或创业孵化空间，出现在技术贸易会的展厅，出现在大学校园。虚拟现实和其他许多新技术一样，只有戴上头盔亲身体验，才能体会其中的奥妙。

中国相关性

虚拟同理心

VR是2015~2016年中国的热词，商界人士以谈论VR为荣，投资人士到处找寻VR初创公司，品牌营销活动也一定要带有VR元素。这两年，中国市场涌现出无数VR设备，充斥于各种电子商务平台。VR眼镜从几十元到几千元不等，似乎都在告诉你：VR时代来了，不VR，就落伍。

VR的挑战不在技术和硬件，而在内容和设计。这方面需投入重金，累以时日方见成效。这方面我们看到的有趣的案例，是暴风魔镜为龙泉寺创作的虚拟现实App。这款App根据寺院的真实场景建构虚拟的“悬浮岛”，让人们戴上眼镜就畅游其间，随时随地获得这一禅修学院的虚拟现实体验，从而将VR技术应用为一种新的代入式体验。相信这样的“虚拟代入”在中国方兴未艾，未来人们将从中获得更多新的体验，形成更多的“同理心”。

趋势十五　数据泛滥（Data Overflow）

非显著之处何在？

不断增长的个人数据、企业数据与开放数据交相汇合，带来了新的挑战，仅凭算法已经无法处理，人们转而依靠性能更强的人工智能、更灵活的筛选推敲和更多的创业投资。

大数据越来越大，小数据越来越小——两者的交汇开始带来某些严重的问题。

虽然商业界不断地谈论大数据，谈论如何采集更多信息，2015 年我却引入了“小数据”的概念，描绘越来越多的消费者利用智能设备和社交平台收集自身数据，并借此获得更好的服务、更优惠的价格和更满意的产品。我认为，未来属于这样的品牌：能够找到各种途径吸引消费者分享小数据，并与已采集的大数据相结合。

未来一年里，大数据和小数据的混合还会引发相关的新问题：数据泛滥——任何收集数据的公司都将十分烦恼，因为它们很快将被巨大的数据量掩埋。乍一看，似乎你以前听说过这种泛滥。

有时候这也叫“数据过载”——许多文章已经谈到数据收集过多的危害，谈到许多人和机构有时为了理解获得的数据而付出的无用功。“数据泛滥”这一趋势描绘的是这种混乱状态的下一阶段，消费者自行采集的“小数据”和企业采集的“大数据”相互交汇，会被第三种数据搅得更加让人困惑。第三种数据就是那些往往毫无用处、非结构化、缺失元数据的“开放数据”。在信息透明或遵守法规的名义下，公司和政府部门正将这种数据一股脑儿地扔到互联网上。

举一个数据泛滥迅速蔓延的例子，政府实验室指数（GovLab Index）跟踪了开放数据的发展趋势，发布年度报告，披露各国政府采用开放数据的相关情况。最新一期报告提出了一些发人深省的观点。

- 各国政府已经公开超过 100 万个数据集。
- 这些数据集中，既可用计算机进行处理又获得开放许可的，还不到 7%。
- 96% 的国家分享的数据集并没有进行定期更新。
- 2015 年，全世界共有接近 400 个公开的政府数据门户

（六年前只有两个）。

很明显，开放数据的总量每年呈现指数级增长，问题却在于这些数据大部分也许并无价值。开放数据企业中心（Centre for Open Data Enterprise）的乔尔·古林（Joe Gurin）在接受《经济学人》（*The Economist*）采访时做出估计，已经发布的数据中也许有 4/5 并不是特别有用，原因是没有元数据或未经标准化处理，缺乏必要的背景资料。

处理这些杂乱数据的最佳方法是什么？数据泛滥能够解决吗？为了找到答案，让我们来看看一群科学家如何破解一道难题……这道难题出现在地球上最危险也最先进的地方。

破译超大型对撞机的数据

大型强子对撞机（LHC）就像是科幻小说里的实验机器一般。大型强子对撞机是同类机器中最大的一台，由欧洲核子研究委员会（CERN）联合 100 个国家的 10000 名科学家共同建成，坐落在法国和瑞士边界地下一条 17 英里长的隧道中。对撞机的作用就是让物理学家测试粒子的对撞情况，拓展人类对物理世界的理解。

这一技术壮举面临的主要挑战不是如何引发对撞，而是如何理解对撞产生的万亿字节的数据。数据之海量，即使最复杂的算法都无法处理；数据之微妙，即使最智慧的科学家利用速度最快的计算机都难以理解。事实上，大型强子对撞机研究团队并非面临这一问题的唯一一群科学家。

例如，2015年年底 *eLife* 期刊的一篇文章中，细胞生物学家罗伯特·英索尔（Robert Insall）引发了一场行业论争。他说到自己采访的大多数高级研究员都担心，每年新发布的数量惊人的生物医学研究论文将会降低整个行业的可信度。

2015年，谷歌和IBM都发表了重大声明，将为技术社区创造更多的开放源码库、工具和指南，推动自家人工智能平台（分别是TensorFlow和沃森）进一步发展。两家公司的目标都是激发更多开发者利用“深度学习”开创新项目。深度学习是机器学习的一个领域，它让机器具备更多直觉，更接近真正的人工智能。

随着时间流逝，人工智能和深度学习自然会经历大量的研究，检验价值存疑的开放数据，协助打通各种联系，催生新发现。人工智能有望帮助研究大型强子对撞机的科学家和不知所措的生物医学研究人员挖掘所有数据的含义。

随着科学界测试新的人工智能解决方案应对这一数据挑战，全球其他行业也将围观他们的一举一动——其中包括几个自身数据泛滥的行业。

农业科技：越来越多的农业数据

农业极好地展现了数据泛滥给我们带来的现实挑战。这个行业里，数据正泛滥成灾。如今一个农场就能提供堆积如山的数据，它们来自土壤里的传感器、农场动物身上的可穿戴追踪器，还有监控作物的无人机。

无人机在农业生产中的应用前景光明，也暗藏危机，据国际无人机系统协会估算，未来的商用市场上，农业无人机也许将占据八成。

这些农业科技（常被称为“AgTech”）产生的数据正在引发一场新演变，也就是越来越多人谈论的精细农业——在正确的位置种植正确的作物，并在正确的时间收割。持续获得这样的精度并不容易……做到这一点需要技术与农业的整合，整合的深度是前人未曾尝试甚至从未讨论过的。

一个绝佳的讨论契机出现在 2015 年 7 月，福布斯集团在加利福尼亚萨莱纳斯举办农业技术峰会。大会旨在让农业生产业内人士和硅谷创新者齐聚一堂，讨论农业的未来以及如何发挥技术的作用。大会上，农场主实地讲解了这些新数据给他们带来的挑战——如何理解其含义。

数据正在泛滥,但土地上的农场主却几乎无法理解其含义。

农场主一般并不是拥有高级粒子物理学博士学位，接受过数据分析训练的科学家。在日常工作中，他们很少舒服地坐在笔记本前。他们四处奔波、头脑精明、时间有限，常常需要那种拿来就能用的数据。

大多数人都认为，未来的解决方案并不是开发新式工具收集更多数据，而是让技术人员和农场主携起手来，推动他们开拓新途径，切实解决数据泛滥的问题。农业科技峰会和类似的大会带来了前所未有的创新举措，专注应对这一难题。

例如，在农业立国的新西兰，一个区域企业孵化机构开展了一个为期 20 周的农业科技孵化项目，名为“农业科技萌芽”（Sprout Agritech）。世界各地的农业科技项目也正获得越来越多的投资。截至 2014 年年底，行业网站 AgFunder 跟踪发现针对 264 个项目的投资超过 23.6 亿美元——这已经超过了一些大肆宣传的行业，例如金融技术（21 亿美元）和清洁技术

（20 亿美元）。

与此同时，各国政府发布的公开数据集对农场主极具价值——例如区域气候和粮食消费数据。随着这些公开数据和传统农业数据（如粮食产量和土壤指标）、新型农业数据（如无人机测量数据）发生交汇——其他行业的数据泛滥问题也在冲击着农业。

然而，著名风险投资人兰迪·科米萨认为，这将催生农业科技投资与创新的黄金时代。作为知名风投公司凯鹏华盈的合伙人，科米萨习惯于比大多数人看得更远。2015 年年底，他在接受《国家地理》采访时发表了一些深刻见解——他预测农业的未来将更加开放，农场主将从那些近乎垄断的农业巨头手中夺回控制权。他们将不再仅仅是大型农业公司的供应商，而是拥有自己的数据，彼此间进一步开放共享。

在农业领域——创新人才和持续获得投资的创业公司有望解决数据泛滥问题，从各种数据的交汇中挖掘更多含义。

医疗数据的筛选和解读

说到医疗行业的网络数据共享，隐私往往是最大的担忧。

创新者面对的、管制者提出的、病人担忧的第一个问题就是：如何使用个人数据？医疗行业面临着本章提到的其他行业同样面临的数据泛滥问题……背后的种种原因也是一样。

医院收集病人和疗效的相关数据，病人则通过可穿戴健康追踪器和治疗糖尿病或哮喘的相关技术收集自身数据。当然，政府还会在网上公布大量的公共健康数据，供所有人取用。

科学研究人员主要寄希望于人工智能，农业从业者则推动更多的创业公司应对挑战——而在医疗行业中，一种不同的应对策略正准备大面积铺开，背后的力量主要是一个个医疗人员的筛选和推断，他们发挥人眼的力量，发现和解决各种问题，这些问题就连最复杂的算法甚至人工智能都难以处理。

最有力的一个例证就是 Figure1 软件，它常被称为“医生的 Instagram”。专业医师可以利用这款简单的软件分享病人的匿名图片，得到其他专业医师的反馈和评论。事实上，在不透露个人资料的前提下，分享病症图片的行为已经相当普遍，十分惊人。

Figure1 的创始人乔希 · 兰迪（Josh Landy）是加拿大多伦多士嘉堡医院的一位重症监护专家，最初萌生这一软件的想法时，他追求的是将已有的个人图片分享转变为“全球知识笔记本”。如今，该软件拥有超过 15 万的活跃用户，专为视觉型学习者（很多医生恰好是这样）量身定制，得克萨斯州一名从业三年的住院医师称之为“罪恶的医学快感”。

这个软件可不仅仅满足了医生的窥阴癖，它还利用群体的力量，帮助执业医师从世界各地的同行获得见解和支持，诊断和治疗在一个地方很常见却在另一个地方很罕见的疾病。在这个例子中，数据及其作用来源于人与人的互动。

然而，说到进一步公开分享的大量数据集，我们则面临另一道难题。

塞德里克·哈钦斯（Cedric Hutchings）是 Withings 公司的联合创始人兼首席执行官——这家公司生产一整套的可穿戴技术产品和自我量化[①]产品。他同样认为，匿名数据可以在区域和全球得到应用，拥有激发变革的力量。

过去几年里，哈钦斯一直在推动自己的公司进一步利用从用户采集的所有匿名数据。例如，有了这些数据，他可以精确

① 自我量化（Quantified Self）是指通过科技方式将自己日常生活的各方面，包括物质摄入、身体状况、体能情况以及其他一些细节记录下来的一项活动。——译者注

指出巴黎郊区的一个小城阿让特伊是世界上肥胖水平最高的城市，名声在外——2015 年，相关媒体报道推动市长和市民开启了一项综合计划，改进学校午餐，摆脱坏名声。

不足为奇的是，哈钦斯相信开放数据的力量，带领公司投身开放数据项目，即“Withings 健康观察站”。更重要的是，为了理解数据集，而不是像大多数机构那样将数据抛在网上，Withings 调动公司资源挖掘数据的含义。

如今，该品牌打造的内容涵盖关键统计数据、商业观察、社群报告。它还与多位研究人员和学者通过“Withings 健康学会”发表科学论文，并将这些内容打包成工具，帮助研究人员和其他科学家理解自有数据，为共享数据的人提供更多价值。

为何重要

2016 年，大数据、小数据和开放数据的交汇带来了恒久的巨大难题：数据泛滥。仅仅依靠算法是不够的——从科学研究、农业到医疗等各行各业都在转变思维，以求解决这一难题。对某些行业而言，想要处理巨量数据，从中挖掘含义和价值，人工智能是唯一可行的方法。对农业等其他行业，困难就在于将各种有效的数据分析方法整合成一个生态系统，协助农场主的日常工作。为了实现这一点，资本市场对创业公司和创新举措的投资正在迅速增加。对于医疗行业，解决方案实质上是逐渐应用人工筛选和推敲，从难以解读的视觉数据中挖掘含义，而数据制造者也担负了更多责任，在公开分享前为数据加上背景信息和相关含义。

谁该利用该趋势

在各行各业里，数据收集的潜力和机会正在涌现，意味着2016年这一趋势影响到几乎每一位商业人士。然而，数据收集的潜在价值将首先受到数据泛滥的挑战。好消息是，这个问题已经十分明显，多个团队正在努力解决。2016年，各个行业会找到适合自身的解决方案，最精明的品牌将紧跟最新的解决方案，投入时间和精力让方案为己所用。

如何利用该趋势

√ **学会分析数据**——商业界一个令人悲哀的现实就是，

大多数人缺乏基本的数据分析技能。结果我们误读统计数据，胡乱引用研究结论，利用不确定的数据获得不正确、有时是愚蠢的结论。解决这一问题的唯一方法，就是去做大多数人不愿做的事……回头提升数据分析能力。我们可以参加网上课程，或者阅读那些善于理解特定主题或行业数据的人写的文章。

√ **解读开放数据**——这一趋势的核心是越来越多的开放数据进入市场后带来的诸多问题和挑战。医疗行业中日益常见的解决方案对于其他行业有着潜在的价值，那就是提高数据解读能力，自行找到各种有价值的信息，与他人分享后产生更多价值回馈自我。

中国相关性

数据泛滥

广告信息太多太泛滥，消费者就感到难以消化，无从决定信息是否正确。最终，消费者的反应很多时候就是无感，甚至是逃避广告。信息量太多的反效果，也就导致品牌的推广根本是无效果。

很多聪明的平台，懂得提供的是个性化服务，要解决消费者的疑难，不如就提供个性化的服务。比如说，这一两年流行的“分答”，就是这样的一个平台。“分答”是一个付费语音问答平台，它可以快速地找到可以给用户提供帮助的那个人，用一分钟时间为用户答疑解惑。“分答”延续了知识传播与分享的分享方式。不仅是科学家，很多名人和各领域的专家也都加入“分答”付费问答的模式。

2016 年 5 月 15 日“分答”上线，自上线后很多明星大咖及健康领域、理财领域、职场领域等名人答主，在“分答”付费语音平台回答各类问题。上线仅 42 天，就获得超过 1000 万授权用户，付费用户超过 100 万，33 万人开通了“分答”主页面，产生了 50 万条语音问答，交易总金额超过 1800 万，复购率达到 43%。“分答”每日付款笔数超过 19 万次。

IBM 的研究称，整个人类文明所获得的全部数据中，有 90% 是过去两年内产生的。当完成原始的积累以后，互联网上的信息就早已多到普通人穷尽一生也看不完的地步。仅在谷歌，人们每秒钟执行 4 万次搜索，使得每天搜索量达到 35 亿次，每年积累 1.2 万亿次。

海量信息让消费者不知所措，因此他们需要引导，需要技术帮助 “筛选与分发”。比如雅虎的门户分类模式，谷歌的信息搜索模式，facebook 的 timeline（时间轴）模式。技术改变了传统的内容生产、分发以及传播，一点资讯是智能技术领域新一代的分发平台，通过将搜索引擎和推荐引擎有机融合的算法技术，引导、鼓励用户主动表达那些单纯通过历史浏览行为很难发现的中长尾兴趣点，基于这些兴趣不仅实现分发内容，同样分发商品，服务甚至广告。兴趣引擎不简简单单是发现用户兴趣，满足用户兴趣，更重要地是通过搜索激发用户的好奇心，帮助用户探索他们未知的兴趣，最终实现智能分析用户的兴趣爱好，精准推荐他们真正感兴趣的信息。

第五章

创新行动指南 如何追随灵感

> 科学发现就是见世人之所见，思无人之所想。
>
> ——艾伯特·冯森特·乔尔吉，诺贝尔医学奖得主

2009 年，占边三得利公司前销售主管汤姆·马斯（Tom Marsh）终于酿造出了完美的饮品。多年来他致力于研制推广新式奶油酒，灵感来源于拉丁美洲的一种备受欢迎的传统饮料，由牛奶、肉桂和杏仁调制而成，名为欧洽塔（Horchata）。

新式奶油酒取名朗姆洽塔（RumChata，由主要成分朗姆

酒和用于调味的欧洽塔这两个词拼接而成），混合了淡朗姆酒、乳制奶油和肉桂、香草等香料。

朗姆洽塔并没有立刻引发轰动。

公司针对新酒开展了一些别出心裁的销售活动，但只有等到酒保们觉得新酒的口感和肉桂味吐司麦片粥底层的牛奶有几分相似时，销售才有些起色。酒保开始利用新酒调制更多混合饮品，越来越多的酒类批发零售商开始订货。与此同时，占边三得利创造性地开展了一些促销活动，例如在酒吧举办“麦片饮料杯”（Cereal Shooter Bowls）活动，促进朗姆洽塔调制饮品的销售，进一步推动品牌发展。

最后，这些创新举措开始显现成效。

2014 年，《商业周刊》的一篇文章指出，美国 10 亿美元的奶油酒市场中，朗姆洽塔占据了 1/5 的份额，在某些地区的销售额甚至开始超过帝亚吉欧旗下的百利爱尔兰奶油威士忌（多年的行业领头羊）。

更重要的是，专家们认为朗姆洽塔是跨界突破性产品，因为人们将它广泛用于调酒，作为餐饮烘焙的配料。

如何创造突破性产品

朗姆洽塔完美诠释了一种成功之道：善于观察，理解顾客行为与市场机会的交汇点。

马斯打算开发新产品的时候可能没有想到预测未来趋势，但我们依然可以从他的例子中学到一些经验。

回顾这个例子，有三个文化信号也许能够解释朗姆洽塔的成功：

（1）消费者日益偏爱“有故事”的正宗产品；

（2）电视餐饮娱乐节目日益风行，家庭烹饪创意四起；

（3）美国各地对拉美文化传统的兴趣不断增长。

回过头看，这几个观察结论助推了朗姆洽塔的诞生。当然，事后诸葛亮总是容易当的。

真正的问题在于：你如何提前预判做到这一切，在未来获得成功？

非凡思考法简介

趋势是宏大的概念,描绘了加速发展的周围世界。很遗憾,人们往往很难理解将宏大的概念应用到现实生活的价值。

“未来实验室”的趋势预测人克里斯·辛格(Chris Singer)认为,趋势是“即将到来的利润”。这听起来很诱人,但获得这些利润需要的不仅仅是挖掘、推敲和描述趋势的技能。

按照趋势行事,趋势才有价值。

某种趋势指引你抛弃现有产品线,转移业务重心,或者在尚无收获的道路上继续坚持,这些都是领导者常常面对的大问题,给出答案并不容易。

好消息是,学习推敲趋势能够为你提供回答问题的视角。接下来的章节里,你将掌握必要的工具、方法和知识,将趋势应用到自己的公司业务或职场生涯中。

过去几年里,我帮助过几十个组织和数千人学会应用趋势,学习的切入点往往是一个简单的概念:“非凡思考法”。

非凡思考法就是在看似毫不相关的概念中找到共性,获得新思想、新方向和新策略,为成功助力。

换句话说,非凡思考法就是建立关联。大多数时候,我开展工作坊帮助团队和品牌利用这种非凡思考法应对挑战，根据市场趋势开创新举措。参加这些工作坊之前，我分享一些实际应用非显著思考法的基本原则，这对你会有帮助。

原则一——找到概念之间的交叉点

我的朋友保罗·纳加里是一位跨文化智力专家，为在海外生活的公司高管讲授成功所必需的技能。然而，和其他专家不同的是，他的教学方式并非讲授特定文化的“注意事项”。他认为要在另一种文化中获得成功，需要的不只是记住一系列东西。

纳加里为高管讲授的第一条准则就是，学会关注文化共性而非文化差异。当我们思考如何接受不熟悉的观点时，这一准则也能为我们提供宝贵的教训。

受到某种趋势影响的行业也许表面上和你的行业并不相关，但相似之处往往超出你的想象。例如在 2008 年，可口可乐公司前高管杰夫·邓恩（Jeff Dunn）成为博尔豪斯农场公司总裁，这家市值 10 亿美元的农业公司开创的“迷你胡萝卜”几乎重塑了胡萝卜产业。

邓恩接手公司业务时，胡萝卜（和迷你胡萝卜）销量低迷，他需要一种解决方案，于是找到了广告公司 Crispin Porter + Bogusky（以下简称 CP+B）。

这对于广告公司而言可不是一般的难题，但一个独特的想法却启发了他们。这个想法基于一种平常的消费者内在需求：人们喜欢把垃圾食品当作零食，讨厌别人告诫自己吃得健康些。

CP+B 的创意总监奥米德·法尔汗后来在采访中说道，“事实上，迷你胡萝卜拥有我们最爱的垃圾食品的多种典型特征：霓虹橙的颜色，口感酥脆，可以蘸酱吃，让人有点上瘾”。

利用这一需求，CP+B 开始了新的营销活动，吸引消费者“把迷你胡萝卜当作垃圾食品来吃”。这一创意的灵感来源于其他包装消费品公司（如可口可乐）的营销策略。试点营销的地区市场中，销量立即提升 10%~12%，一切都归功于这场营销活动利用关联思维将垃圾食品销售策略应用到迷你胡萝卜销售中。

原则二——拥抱多样性

弗朗斯·约翰松以敏锐的眼光观察人性和公司。他的第一本书《美第奇效应》赞美了不同行业与人群交叉汇合的力量：

催生突破性的想法、产品和组织机构。

在第二本书《运气创造法则》中，他主要阐释了生活中好运气的相关概念，告诉我们要怎么做才更有可能在与他人的意外碰面和互动中获得惊喜发现。

舒尔茨重新讲述了星巴克灵感来源的著名故事。他当时去米兰旅行，看到各处街角都是意式浓缩咖啡厅，于是设想类似的商业模式也许同样能在其他国家开展起来。

舒尔茨的洞察力推动了星巴克从当时的高端家用咖啡机供应商转变为零售咖啡厅。然而，他前往米兰的最初目的不过是参加展会。有一次从酒店前往展览中心的路上，舒尔茨不经意间注意到这些浓缩咖啡厅，得到了灵感。他的故事恰好说明，抛开主要目的去探索新想法有时效果更好，甚至能与伟大理念在街角相遇！（有时的确就是在“街角”。）

原则三——把地图抛在身后

在某些特定的日子，倘若你碰巧晚上六点左右行走在曼谷街头，就会看到人们停下脚步，具体缘由似乎令人费解。接着你找个人打听一番，很快就会发现泰国国歌每天播放两次（早上六点和晚上八点），曼谷市民会放下手头工作，在肃穆的氛围中进入短暂的沉默。

亲眼见到这种文化习俗总让人难以忘怀。旅游体验就是这样——不管是在远离故居的世界各地，或者仅仅是到附近某个陌生环境。我们往往认为只有在旅游时才能体验漫游和闲逛，探索未知世界，但漫游在日常生活中其实意义重大。

如今的世界，每个人的口袋里都装着移动地图，随时待命，为我们规划路线前往任何地方。想要漫游闲逛，我们必须故意为之。这是个绝妙的比喻，它折射出非凡思考法的重要性以及为何难以培养。

有时候我们必须主动将地图抛在身后。开展工作坊的过程就能帮你做到这一点——因此，让我们进一步探讨工作坊为何如此有效，又该如何开展。

工作坊为什么有效

工作坊就是一个人或一群人聚在一起，将对话和思维的焦点用于解决一个难题或进行创造性思考。

将合适的人聚在房间里开展工作坊之类的事情，虽然表面上看上去很困难或者没必要（倘若只有自己一个人就更是犯傻），但是开展工作坊将想法应用到实践的时候，有几种技巧可以提升创新思维。

集中注意力

我们都很忙，通常没时间整天闲坐着思考各种趋势。为了确保集中注意力,最重要的是抽出一段固定的时间开展工作坊，哪怕时间不长。只需确保提前安排，将工作坊从日常工作中分割出来，就能让人感觉（也的确是）意义重大。

设定目标

虽然不需要列明每个步骤，但是提前设定目标或想要的结果，总是有好处的。俗话说“不知目的地，怎知何时达？”有许多方法可以引导开展工作坊，在前面几章中我已分享其中几种，帮助读者开始学习。不管选用哪种方法，办好一场会议的关键点都是一样的：为工作坊设定目标，参会人员就知道目的何在，并朝同一个方向努力。

建立责任制

工作坊之所以有效，另一个重要原因是它将合适的人短时间内聚在一起，让他们对下一步计划做出承诺。当然，即使工作坊只有自己一人，责任制也同样重要。

我开展过几百个工作坊和讲习班，内容覆盖市场营销、商业趋势和未来世界，每次开头几乎都是一样，我会讲述当下的趋势和状况。然而有一点很重要，那就是大多数时候，工作坊的终极目标不应该是发现新趋势。

只有当你已经利用本书第一章描述的流程自行推敲趋势，或者研究他人发现的和从可靠来源获得的趋势时，工作坊才能发挥最大效用。任何趋势工作坊的目标，都应该是想办法将趋势应用到实践中，解决商业难题。

办好趋势工作坊的 5 个关键点

想要利用工作坊来指导思维方式，需要记住几个基本法则：

总要有一位不带偏见的主讲人

人们很容易认为工作坊的主讲人应该是和会议主题关系最大的人，但这样做往往是不对的。相反，最合适的主讲人应该能够主持讨论，让对话不偏离正轨，提出争议性问题，但不带偏见，也不有意引导团队获得某一个答案或观点。

鼓励分享，而非批评

我们都听过这样的陈词滥调——“头脑风暴从来没有什么坏点子”。严格来说并非如此。有些点子很糟糕，有些偏离公司战略，有些无法实现，有些则毫无用处。很遗憾，在大多数工作坊上，这些点子往往很难被实时分辨出来。因此，参会人员采取的最佳思维方式就是专注于分享观点，而不是浪费时间和精力去批评观点。先接纳，后批评。

采用“对，而且”的思维方式

优秀演员常常讲到在片场与他人合作的重要性，他们总是说“对，而且”而非“对，但是”（两种说法很相似，但后者较为消极）。这额外的举动使得我们可以在别人分享的观点上继续发挥，而不是推翻他人，它也往往标志着工作坊卓有成效。

像专家一样做好准备

如果你听说过“垃圾进，垃圾出”，就该知道这句俗话非常适用于工作坊。如果没有提前准备合适的材料、见解和问题，会议往往无法产生多大的价值。这不是说你一定要花几个月时间做研究，但你应该了解会议背景，这样才能提出合适的问题，将对话焦点放在最重要的主题上，继续向前推进。

扼要重述，做好总结

花了时间和精力开展工作坊后，最不明智的一个做法就是让参会人员直接离开，而没有对大家分享的东西做一番总结。会议主讲人的作用就是总结对话内容，重述后续行动，保证每一个花费宝贵时间参加会议的人都能理解大家共同获得的成果，都知道下一步该采取什么行动才能保持团队动力。

四种类型的趋势工作坊

既然已经讨论了办好工作坊需要的东西，让我们看看各种将趋势应用到组织机构的常见工作坊。

客户旅程地图[①]的趋势工作坊

一步步理解顾客与企业的互动方式，这样才能将趋势应用到互动流程的每一环节。

讲述品牌企业故事的趋势工作坊

在理解和使用当下趋势的基础上，打造引人入胜的品牌故事或广告词，引起消费者共鸣。

制定商业策略的趋势工作坊

依据当前趋势和最新竞争环境，制定新的市场进军、产品发布策略，或调整商业模式、盈利模式。

关于公司文化的趋势工作坊

根据当前形势，规划个人职业生涯或改善提升公司内部文化。

---

① 客户旅程地图指客户从初次接触、形成契约再到进入长期合作关系的全过程。——译者注

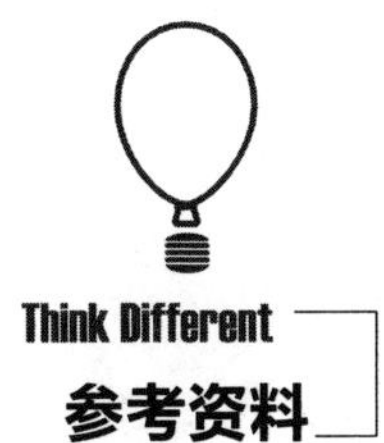

参考资料

为了准备这本书，我每年翻阅数百本刊物，采访几十位专家，阅读五十多本书。

早在2011年，我通过团队发布趋势研究时，就决定将写作本书时研究的每一份参考资料按章节分列，归入一章。大部分研究材料都有参考链接，因此我将它们摘录为电子文档，为读者提供更多价值。

想要在线阅读本书涉及的所有参考资料，可以点击下方网址下载PDF文档，其中有参考资料的链接：

www.nonobviousbook.com/resources

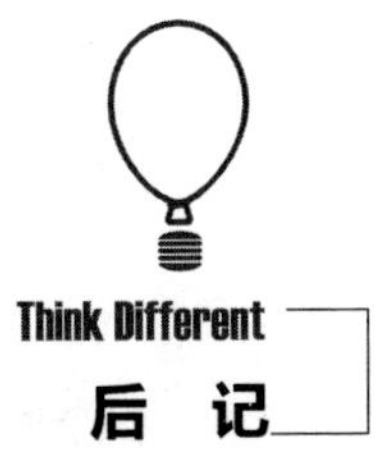

Think Different

后 记

“我读书不快，但我理解快。”

——艾萨克·阿西莫夫，作家、历史学家、生物化学家

艾萨克·阿西莫夫一生多产，著有近500本书，从他挚爱的科幻丛书，到讲解莎士比亚文学作品集的两卷本作品，再到《圣经》阅读指南。

然而，每当被问及最喜欢的书时，他总是开玩笑说：“我最近写的那本。”他并不是科学家，也不是神学家或文学评论家，他不过是个对思想充满好奇心的作家罢了。

最近，《麻省理工技术评论》（*MIT Technology Review*）发表了阿西莫夫写于1959年的一篇人们遗忘已久的文章，其中谈到创新的过程以及人们如何获得新想法。

他的文章带我们简单了解了创意和创新之间常被忽视的区别。

> 各个时代提出伟大思想的人，本职工作都不是提出伟大思想，而是老师、专利审查员或小官员，或者根本没有工作。伟大思想都是副产品。在我看来，一个人由于无法提出伟大思想而拿不到工资并因此感到内疚，恰恰说明他永远无法提出伟大思想。

如今，许多人的工作就是发挥创意。他们的职位叫创意总监、设计师，或者干脆叫“创作人员”——这个随意的称呼常在广告行业中用于区分是否被允许发挥创意的两类人。

人们围绕创意竖起的道道屏障，使得创意本身似乎成为目的。有时候我们会认为，只要自己变得更有创意，所有问题都会自行解决。

读完这本书就会知道，我认为这种逻辑是有缺陷的。

更多的创意往往只会导致更多的干扰。头脑风暴产生了一堆堆未曾实现的想法。便利的个人出版使得未经思考、胡说八道的书籍无处不在。这一切都源于人们天真地追求更多的创意。

反过来，如果我们将注意力放在培养和赞美好奇心上，结果会怎样?

好奇心部分体现在提出问题并获得更多知识，即使这些知识不能马上发挥作用。换句话说，好奇心意味着寻找和获得无用的知识。

好奇的人们把想法记录下来，和旅客累积飞行里程是一个道理——他日可以兑换为金钱奖励。往往只有经过时间沉淀和深思熟虑，这些想法之间的关联才能清晰显现。

贯穿本书，我的一个目标就是挑战那些惰怠庸常的思考方式和工作流程。

真正的趋势是对加速发展的当下进行推敲后获得的独特看法。

推敲趋势的确就是见他人之未见。但从更广阔的角度来看，它还是一种思维方式，鼓励人们变得更有好奇心，更加深思熟虑。艾萨克·阿西莫夫会说，只要掌握了技巧，你就能从快速阅读者转变为快速理解者。

我相信未来属于这样的人：能够利用自身观察能力发现各种行业、观点和行为之间的联系，融会贯通后获得对周围世界的深刻见解。

掌握了非凡思考法，它能改变你对待当下生活和开展业务的方式。

未雨绸缪始于理解当下，向来都是如此。